C·H·Beck

PAPERBACK

Indonesien: Das sind mehr als 17000 Inseln, über 300 Völker und ein einzigartiges Amalgam verschiedener kultureller Einflüsse. Fritz Schulze erzählt die Geschichte des viertgrößten Landes der Welt von der frühesten Besiedlung über die hinduistischen und buddhistischen Inselkönigreiche, die Ausbreitung des Islam und die lange niederländische Kolonialzeit bis heute. Er erklärt, wie das Vielvölkerreich seit der Unabhängigkeit zu einer Nation zusammenwächst und warum sich das größte islamische Land der Welt erfolgreich auf dem Weg zur Demokratie befindet. Unentbehrlich für alle, die das riesige Inselreich am Äquator besser verstehen wollen.

Fritz Schulze ist apl. Professor für Südostasienwissenschaften an der Goethe-Universität Frankfurt a. M. Er lehrt und forscht außerdem an der Georg-August-Universität Göttingen über den Islam in Indonesien.

Fritz Schulze

Kleine Geschichte Indonesiens

Von den Inselkönigreichen
zum modernen Großstaat

C.H.Beck

Mit 16 Abbildungen und 5 Karten

Originalausgabe

Satz, Druck u. Bindung: Druckerei C.H.Beck, Nördlingen
Umschlaggestaltung: Geviert, Grafik & Typografie, Andrea Janas
Umschlagabbildung: Körbe tragender Mann vor einem Wasserfall, Bali, Indonesien. © Martin Puddy/Corbis
Printed in Germany
ISBN 978 3 406 68152 3

www.beck.de

Inhalt

Verzeichnis der Karten

Einleitung

Indonesien ist in den deutschsprachigen Ländern immer noch ungenügend bekannt, dabei zählt es zu den bevölkerungsreichsten und auch zu den größten Ländern der Erde. Als Brücke zwischen dem Indischen und dem Pazifischen Ozean nimmt es zudem eine strategische Stellung ein. Als größtes Land der ASEAN-Staaten ist es für die Stabilität der ganzen Region von herausragender Bedeutung.

Das heutige Indonesien mit seinen ca. 250 Millionen Einwohnern würde, auf die Landkarte Europas übertragen, von den Kanarischen Inseln bis zum Ural reichen. Je nach Definition des Begriffes Insel besteht Indonesien aus etwa 15 000 oder mehr Inseln, darunter einige der größten der Erde, etwa Sumatra sowie (Teile von) Borneo und Neuguinea. Indonesien ist Teil des großen Malaiischen Archipels, der außerdem die Staaten Malaysia, Singapur, Brunei, Timor-Leste und die Philippinen umfasst.

Indonesien erstreckt sich beiderseits des Äquators in West-Ost-Ausdehnung. Das Klima ist tropisch. Im Westen finden wir Gebiete mit extrem hohen Niederschlägen; nach Osten wird es immer trockener, bis es ganz im Osten, auf Neuguinea, wieder sehr feucht wird. An den Rändern Indonesiens treffen mehrere tektonische Platten aufeinander, so dass große Teile des Landes von Vulkanismus und seismischen Aktivitäten betroffen sind. Dank des vulkanischen Charakters sind weite Teile des Landes sehr fruchtbar. Von Nord nach Süd, zwischen Bali und Lombok sowie Borneo und Sulawesi, führt durch Indonesien eine Faunengrenze. Westlich dieser sogenannten Wallace-Linie lebt eine asiatische Fauna, östlich davon, nach einer Wallacea genannten Übergangszone, die australische Fauna.

Die Bevölkerung ist in Indonesien wie im ganzen Archipel einerseits ethnisch enorm vielfältig, anderseits aber auch bemerkenswert einheitlich. Einheitlich, weil die allermeisten indigenen Völker dem austronesischen Kulturkreis angehören, also auch austronesische Sprachen sprechen; vielfältig infolge der starken Unterteilung der austronesischen Völker selbst. Allein in Indonesien werden, variierend je nach Abgrenzung von Sprache und Dialekt, etwa 250 austronesische Sprachen gesprochen. Die Sprecherzahl reicht dabei von einigen wenigen bis zu den mehr als 80 Millionen Sprechern des Javanischen. Hinzu kommen noch zahlreiche Papuasprachen, deren Sprecherzahl aber gering ist, außerdem die Sprachen der nicht-austronesischen Zuwanderer aus Indien, China und der arabischen Welt. Heute gilt in Indonesien die einheitliche Staatssprache Indonesisch, die auf der Weiterentwicklung der malaiischen Sprache beruht.

Seit es den Homo erectus gibt, ist die indonesische Inselwelt durchgehend besiedelt gewesen. Verschiedene große Wanderungsbewegungen haben aber im Laufe der Zeit die ethnische und kulturelle Zusammensetzung des Landes entscheidend geprägt. Das Alter und die Vielfalt der Kulturen machen es zu einer Herausforderung, eine Geschichte Indonesiens zu verfassen: Sie ist aufgrund der geographischen und kulturellen Zergliederung äußerst komplex und umfasst über längere Zeiträume auch die Nachbarregionen, vor allem die Malaiische Halbinsel und die nicht-indonesischen Gebiete Borneos. Die Entwicklung größerer Gemeinschaften und Staatsgebilde war stets an spezifische ethnische Gruppen gebunden. Von den ersten Anfängen bis in die Moderne hinein gab es nie eine einheitliche und lineare Entwicklung der verschiedenen Gruppen zu einer «indonesischen» Nation; stets bildeten sich unterschiedliche Gesellschafts- und Staatsformen nebeneinander aus. Vor allem auf den kleinen Außeninseln und im Innern der großen Inseln Sumatra und Kalimantan (Borneo) existierten bis zum 20. Jahrhundert hierarchisch organisierte Fürstentümer und koloniale Strukturen an den Küsten gleichzeitig neben Brandrodungsfeldbau treibenden Gesellschaftsformen im Inselinnern.

Die jetzige staatliche Gliederung der Region ist das Ergebnis jüngerer geschichtlicher, vor allem kolonialer Entwicklungen. Das heutige Malaysia war ebenso wie Singapur immer integraler Teil des historischen Prozesses im Archipel gewesen, bis die holländisch-britischen kolonialen Grenzziehungen die Region aufteilten. Die Philippinen waren bereits Jahrhunderte vorher durch die Spanier vom Rest des Archipels isoliert worden. Auf der anderen Seite waren es gerade die holländischen und britischen Kolonialherren, die halbwegs einheitliche politische Gebilde schufen, die später als souveräne Staaten die Unabhängigkeit erlangten – im Falle Indonesiens die Kolonie Nederlands-Indië.

Eine «kurze Geschichte» Indonesiens muss sich daher auf Grundlinien beschränken, die die ganze Region betreffen und für deren historische Gesamtentwicklung von Bedeutung waren. Eine Geschichte der einzelnen Kulturen und Inseln ist in diesem Rahmen nicht möglich. Viele Aspekte der indonesischen Geschichte – die Literaturen, die Kunst ganz allgemein, die Vielfalt der Religionen oder auch der traditionellen Wirtschaftsformen – können nur summarisch erwähnt oder müssen ganz ausgelassen werden.

Ein gewisses Problem für die Darstellung ist die Orthographie, die sich im Lauf der Zeit mehrfach geändert hat. Im vorliegenden Buch wird im Prinzip die heutige indonesische Schreibweise verwendet, die den deutschen Zeichen und ihrer Aussprache sehr nahe kommt. Einige Besonderheiten sollen aber erwähnt werden, um Missverständnisse zu vermeiden: Das «j» ist nach älterer Orthographie wie ein deutsches «j» auszusprechen, nach heutiger aber wie «dsch» in «Dschungel». Das «c» wird «tsch» ausgesprochen, «Aceh» also als «Atscheh» (nur in älteren Texten ist dieser Laut aber mit «ch» wiedergegeben). In der kolonialen Orthographie stand «oe» für deutsches «u», «dj» für «dsch» und «tj» für «tsch». Diese älteren Varianten sind hier nur noch bei Namen relevant – etwa bei Soekarno und Soeharto –, da viele Indonesier die alte Schreibung ihrer Namen beibehalten haben.

1. Von der Frühzeit bis zu den ersten Fürstentümern, bis 6. Jahrhundert

Austronesische Wanderungsbewegungen und Handelswege

Die Ur- und Frühgeschichte des Malaiischen Archipels liegt immer noch weitgehend im Dunkeln. Seit Eugène Dubois 1891 auf **Java** Überreste des Homo erectus (Java-Mensch) entdeckte, weiß man, dass die Region eine uralte Besiedlungsgeschichte aufweist. Die Überreste des Homo floresiensis, deren Entdeckung auf der ostindonesischen Insel Flores im Jahr 2003 eine Sensation darstellte, werden von manchen Wissenschaftlern ebenfalls mit dem Homo erectus in Verbindung gebracht. Bevor der Homo floresiensis vor ca. 18 000 Jahren ausstarb, muss es somit in Indonesien zwei Menschenarten, den Homo sapiens und den Homo floresiensis, gleichzeitig gegeben haben. Wann die negriden und weddiden Völker, die vor den Austronesiern im Archipel vorherrschend waren, dort einwanderten, weiß man nicht. Felszeichnungen, die erst kürzlich in der Maros-Höhle im südlichen **Sulawesi** entdeckt wurden und ihnen zugeschrieben werden müssen, werden auf ein Alter von ca. 39 000 Jahren geschätzt. Damit sind sie etwa so alt wie die Zeichnungen der El Castillo-Höhle in Nordspanien (40 000 Jahre), die als die ältesten der Welt gelten. Negride und Weddide waren im ganzen Archipel verbreitet, als ab 3000 v. Chr. die sogenannten austronesischen Wanderungen einsetzten, die bis heute die ethnische Zusammensetzung der Bevölkerung Indonesiens prägen. Ausgangspunkt dieser Wanderbewegungen waren Taiwan und angrenzende chinesische Festlandgebiete. Sie liefen vermutlich über die

Philippinen, erreichten dann **Borneo**, wo ein neuer Formationsraum entstand, und schließlich ab 1000 v. Chr. Java. Weitere Völkerwanderungen stießen schließlich bis Madagaskar im Westen vor und durchdrangen im Osten den gesamten Pazifischen Ozean.

Heute ist ganz Indonesien von austronesischen Völkern besiedelt, die zum größten Teil Sprachen des malaio-polynesischen Sprachzweiges sprechen. Signifikante Ausnahmen gibt es nur im Osten, wo auf Neuguinea und vorgelagerten Inseln Papuasprachen

oder Sprachen anderer austronesischer Sprachzweige verbreitet sind. Die Verdrängung der weddiden und negriden Gruppen erfolgte wohl in vielen Fällen durch Assimilation, was auch die große ethnische Vielfalt in Indonesien zumindest teilweise erklären mag. Heute geht man, je nach Abgrenzung, von 250 oder sogar noch mehr ethnischen Gruppen aus, hinzu kommen weit mehr als 100 Papuavölker. Zur ethnischen Zusammensetzung zählen im Übrigen auch weddide und negride Restgruppen vor allem auf Sumatra und den östlichen Inseln.

Über die Ur- und Frühgeschichte ist nur wenig Konkretes bekannt. Die Forschung dazu steckt trotz aller Fortschritte noch in den Kinderschuhen. Fest steht aber, dass die einwandernden Austronesier modernere Wirtschaftsformen mitbrachten, darunter vor allem auch den Reisanbau. Ebenso steht fest, dass bereits in der frühen Phase ein Austausch, etwa von Luxusgütern (s. u.), mit den Nachbarregionen existiert hat. Ein prägnantes Beispiel sind die in großen Teilen des Archipels gefundenen Bronzetrommeln aus der bronzezeitlichen Dong-Son-Kultur, die von etwa 800 v. Chr. bis 200 n. Chr. ihr Zentrum im heutigen Nordvietnam und in Südchina hatte. Schon in dieser frühen Zeit steuerte der Archipel Güter für den Austausch bei. Seit dem 1. Jahrhundert v. Chr. importierte das Römische Reich Gewürznelken und Sandelholz aus dem östlichen Archipel. Indonesien war somit bereits sehr früh in das internationale Handelsnetz eingebunden, das sich von China im Osten über die verschiedenen asiatischen Regionen bis zum Römischen Reich erstreckte.

Anfangs ging der Haupthandelsweg am Archipel vorbei über den Isthmus von Kra und von dort weiter in Richtung China. Seit dem 1. Jahrhundert v. Chr. war Funan im Mekongdelta ein wichtiger Entrepôt-Hafen, in dem nicht nur Güter umgeschlagen wurden, sondern die Segelschiffe vor ihrer Weiterreise auch den Wechsel der Monsunwinde abwarten mussten. Funan nutzte seine geographische Position im asiatischen Seehandel; gleichzeitig waren die natürlichen Bedingungen für intensiven Reisanbau sehr günstig, so dass Funan in der Lage war, die Versorgung für eine größere Zahl von Menschen und damit auch für eine größere Hafenstadt zu gewährleisten. Funan gilt als erstes sogenanntes indisiertes Königreich Südostasiens. Es war fest in das Handelsnetz integriert und dominierte den Seeverkehr nach China.

Händler aus dem Archipel hatten dagegen lediglich Kontakte nach Westen, also Indien – bis sich die Verhältnisse im 4. Jahrhundert fundamental änderten. Probleme in der zentralasiatischen Steppe, im Bereich der transkontinentalen Seidenstraße, brachten

Dong-Son-Trommel, eine Bronzetrommel aus der südostasiatischen Bronzezeit, 3. Jahrhundert v. Chr. bis 1. Jahrhundert n. Chr.

den festländischen Handel nach Westen zum Erliegen. Damit stieg das Interesse Chinas am Seehandel, und chinesische Schiffe begannen nun selbst auf der Seehandelsroute zu operieren. Das taten sie unter Umgehung Funans und der Landenge von Kra. Der Seeweg durch die Malakkastraße brachte sie aber in direkten Kontakt mit den kleinen Häfen im westlichen Archipel. In der Folge blühten einige Häfen an den dortigen Küsten auf. Die damit in Gang gesetzten gesellschaftlichen und dann auch politischen Entwicklungen waren gravierend und bestimmten den gesamten weiteren Verlauf der Geschichte des insularen Südostasien.

Die bis dahin existierenden Gesellschaften waren Stammesgesellschaften, die clanmäßig organisiert waren. Ihre Glaubensvorstellungen waren animistisch, wobei die Ahnenverehrung einen wichtigen Platz einnahm. Die spirituellen Fähigkeiten, das heißt in erster Linie die Fähigkeit, über den Kontakt mit den Ahnen das

Wohlergehen der Gemeinschaft sicherzustellen, machten einen geeigneten Anführer aus. Dieser war Primus inter Pares; Dynastien und schroffe Hierarchien waren unbekannt. Der ab dem 4. Jahrhundert aufblühende Seehandel eröffnete neue Möglichkeiten im Archipel und im Asienhandel, brachte aber auch neue Notwendigkeiten. Ein Resultat der Außenbeziehungen war, wie oben erwähnt, das Auftreten von Luxusgütern, die immer wichtiger für den rituellen Austausch innerhalb der Gemeinschaft wurden. Damit entstanden nun Ungleichheiten in der Gemeinschaft und es bildeten sich erste Formen von Hierarchien heraus. Schließlich entwickelte sich die Verfügung über die Luxusgüter zu einem Monopol, in dem der Herrschende die Gegenstände der Begierde nach unten verteilte und Abhängigkeiten schuf. Dieses Prinzip prägte für die folgenden Jahrhunderte alle an dieser Entwicklung beteiligten archipelagischen Gesellschaften. In einer fortgeschrittenen Phase dieses Transformationsprozesses wurde aus der Stammesgesellschaft ein hierarchischer Staat. Dies war eine notwendige Entwicklung, weil die Strukturen der Stammesgesellschaft nicht in der Lage waren, größere Staatsgebilde mit einer moderneren Wirtschaft zu stützen und zu stabilisieren.

Frühe Fürstentümer

Das Vorbild für diesen Übergang in die Staatlichkeit war Funan, die Quelle neuer kognitiver Horizonte hingegen Indien. Es hat nie eine indische Kolonisierung in Südostasien gegeben, wie früher behauptet wurde, sondern eine freiwillige Übernahme indischer Ideen auf der Basis eigener Interessen. Indische Vorstellungen von der Ordnung der Dinge wurden zu jener Zeitenwende und danach dominant in Asien. Die Entwicklung des volkstümlichen Mahayana-Buddhismus, der im Gegensatz zum Hinduismus auch für Mission und Handel offenstand, brachte eine gewaltige Expansion indischer Vorstellungen in Asien mit sich. Sie förderten auch den Seeverkehr zwischen China und Indien, weil sich chinesische Pilger nach Indien begaben und dabei Südostasien passierten. Im Gefolge des Buddhismus gelangten auch Ideen des Brahmanismus und später des Hinduismus nach Südostasien.

Die wichtigsten und fast einzigen schriftlichen Quellen aus jener Zeit sind Aufzeichnungen chinesischer Seefahrer, später auch chinesischer Pilger. Aus ihnen kann man für das 4. Jahrhundert die Existenz von Häfen im Raum Westjava und Südsumatra ableiten, also im Umfeld der Sundastraße, die die beiden Inseln trennt. Bis zu jener Zeit hatten kleine Häfen in jener Region bereits direkten Handelskontakt mit Indien, aber nur indirekten über Funan nach China. Das änderte sich, als die Chin-Dynastie in China ihren Zugang zur zentralasiatischen Landroute verlor und in der Folge den Handel über den Seeweg forcierte. Dabei verließ sie sich aber nicht nur auf die Route über Funan. Unter Umgehung Funans suchten die kleinen Handelshäfen nun direkten Kontakt mit China. In chinesischen Berichten wird eine Region in der Nähe der **Sundastraße** zunächst als Ko-ying erwähnt; ab dem 5. Jahrhundert taucht dann der Name Ho-lo-tan auf. Im Jahr 430 zum Beispiel bat der Herrscher von Ho-lo-tan beim chinesischen Hof um Schutz für seine Schiffe, die regelmäßig von der Sundastraße aus chinesische Häfen anliefen. Später setzte sich der Name Kan-t'o-li durch. Kan-t'o-li wiederum war vermutlich der Vorläuferstaat von Srivijaya, einem malaiischen Großreich in Südsumatra (s. u.).

Die chinesischen Ortsnamen lassen für diese frühe Zeit kaum eine klare geographische Zuordnung zu. Eindeutig sind hingegen die wenigen epigraphischen Reste aus jener Zeit, die im Archipel gefunden wurden. Die frühesten Steininschriften stammen allerdings nicht aus der Region der Sundastraße, sondern aus Kutei auf **Ostborneo**. Die insgesamt sieben Stelen wurden um das Jahr 400 errichtet. Die Sprache der Inschriften war Sanskrit, eingemeißelt in der aus Südindien stammenden Pallava-Schrift – ein gewichtiges Indiz für die direkten Verbindungen mit dem indischen Subkontinent.

Diese kurzen Inschriften stellen ein wichtiges kulturgeschichtliches Dokument dar. Es werden nämlich drei Herrscher erwähnt: Der erste, Kundangga, hat noch einen indigenen Namen, sein Sohn und sein Enkel aber tragen bereits Namen aus dem Sanskrit: Asvavarman und Mulavarman. Wir sehen hier also zum einen den Übergang von einem indigenen zu einem indisierten Herrschaftszusammenhang. Zum zweiten ist offensichtlich bereits ein dynastisches Prinzip wirksam, das die indigen-animistische Gesellschaft nicht gekannt hatte. Zum dritten erfahren wir aus den Inschriften, dass sie aus Anlass eines Opferrituals von Brahmanen aufgestellt wurden. Es ist davon auszugehen, dass die Brahmanen die Herrschaft des Königs legitimierten – auch hier ist also eine Verschiebung von traditionellen zu religiös und von außen legitimierten Mustern zu erkennen. Wenn dann auch noch in der einen Inschrift gesagt wird, dass «Asvavarman ... gleich einem Sonnengott sein Geschlecht fortpflanzte»,[1] so ist die Nähe zum hinduistischen Gottkönigtum schon sehr groß. Die Inschriften sind Zeugnisse vom Übergang traditioneller Herrschaft, bei der sich der Primus inter Pares seiner Stellung immer wieder versichern musste, hin zu einem sakralisierten Königtum indischer Prägung, dessen Autorität heilig war, legitimiert durch Priester, in der Regel Brahmanen.

Weitere Inschriften aus dieser frühen Zeit fanden sich in **Westjava**: eine in der Region Bogor, eine weitere in Tarumanagara, das heute bei Tanjung Priok, dem Hafen von Jakarta, liegt. Diese Inschrift aus der Mitte des 5. Jahrhunderts gibt uns Informationen über Wasserregulierungsaktivitäten, die wichtig für die Verhinderung von Überschwemmungen in der Regenzeit und für die Bewässerung von Reisfeldern in der Trockenzeit waren. Die Menschen dieser Region verfügten also über eine bereits fortgeschrittene landwirtschaftliche Technologie.

Die fast ausschließlich aus wenigen Inschriften bestehenden archäologischen Funde geben keine weitere Auskunft über Größe und Stabilität der frühen Fürstentümer. Die chinesischen Quellen erzählen uns zwar immerhin etwas über die geographische Lage und die gehandelten Güter, aber sie sind nur schwer, wenn überhaupt, mit den archäologischen Überresten zu korrelieren.

Dies gilt besonders für den Süden **Sumatras**. Zwar wissen wir aus chinesischen Berichten, dass es dort Häfen gab. Wir haben aber in den Schwemmlandschaften dieser Gegend kaum archäologische Funde aus jener Zeit. Das tropische Klima bewahrte sowieso nur steinerne Relikte: wenige Inschriftensteine, Gebäudefundamente und einige wenige Metallgegenstände. Eine Steinarchitektur gab es damals nicht. Der Umstand, dass die Schwemmlandschaften die Küstenlinien und den Lauf der Flüsse stetig veränderten, war ebenfalls keine günstige Voraussetzung für die Bewahrung archäologischer Relikte.

2. Die indisierten Königreiche, bis ca. 1400

Sumatra: Der buddhistische Mandalastaat Srivijaya

Als im 7. Jahrhundert dann – aus heutiger Sicht – unvermittelt das Großreich Srivijaya auf der Bühne der Geschichte des Archipels erschien, hatte es mit Sicherheit eine Vorgeschichte von Handelsniederlassungen an der süd- und ostsumatranischen Küste gegeben. Man vermutet heute, dass Jambi einer der Vorläuferhäfen gewesen ist. Der präzise Standort Srivijayas selbst war lange Zeit unbekannt, da man nur Inschriftensteine als Quellen zur Verfügung hatte, verstreut über eine große Region. Inzwischen weiß man, dass die heutige Stadt Palembang sozusagen auf den Überresten Srivijayas errichtet worden ist, genauer gesagt: auf denen seiner Hauptstadt. Der Name des Reiches blieb erhalten, auch nachdem die Hauptstadt einige Jahrhunderte später nach Malayu/Jambi verlagert worden war.

Obwohl Srivijaya ein Großreich war und darüber hinaus das langlebigste überhaupt in der Geschichte des Archipels – vom 7. bis zum 13. Jahrhundert –, bleibt es doch das am wenigsten bekannte, verglichen etwa mit den meisten javanischen Königreichen. An Funden aus Srivijaya selbst haben wir nur sieben Inschriftensteine und einige archäologische Artefakte, unter anderem Statuetten. Alles Weitere wissen wir aus Berichten von Fremden, hauptsächlich Chinesen, Indern und Arabern. Und auch diese Quellen sind sehr ungleichmäßig über die Zeit verteilt. Aus manchen Perioden ist fast gar nichts überliefert.

Trotz dieser sehr mäßigen Quellenlage besitzen wir aber inzwischen eine recht gute Vorstellung davon, wie der Staat strukturiert war und welche Position er im südostasiatischen und weiteren asiatischen Kontext hatte. Vermutlich war Srivijaya vor seinem Aufstieg zur Regionalmacht einer der erwähnten Handelshäfen an der sumatranischen Küste. Strategisch gelegen in der Nähe der Malakka- sowie der Sundastraße, war es Srivijaya gelungen, eine dominante Stellung aufzubauen. Dies kann man sich nicht als Aufbau und Expansion eines Territorialstaates vorstellen. Allein die naturräumlichen Gegebenheiten hätten dies zu einem schwierigen Unterfangen gemacht. Die sumatranische Landschaft ist bestimmt durch Schwemmlandschaften aus Sumpf und Wald. Sie werden in der Regel von einem größeren Flusslauf durchschnitten, der sich ins Landesinnere hinein immer weiter verzweigt. Die Position an der Flussmündung eröffnete dem jeweiligen Hafen die Möglichkeit, den Zustrom von Produkten des Hochlandes zu kontrollieren und diese in den internationalen Handel einzuspeisen. Einzige Verkehrswege waren die Flüsse und das Meer. Srivijaya muss es im Verlauf der Geschichte gelungen sein, die konkurrierenden Häfen unter Kontrolle bzw. in seine Abhängigkeit zu bringen. In dieser starken Position war es auch möglich, eine Flotte aufzubauen, die dafür sorgte, dass einerseits kein Handelsschiff unkontrolliert die Malakkastraße passierte und anderseits die chronische Piraterie eingedämmt wurde. Aus Berichten und Inschriften wissen wir, dass Srivijaya zu seinen Glanzzeiten beide Seiten der Malakkastraße beherrschte, also das ganze östliche Sumatra sowie die Westküste des heutigen Malaysia bis hin nach Kedah und sogar noch weiter bis Ligor im heutigen Südthailand. Vermutlich trat Srivijaya dort dem expandierenden Khmerreich entgegen, das anscheinend versuchte, bei Ligor an der Landenge von Kra einen von Srivijaya unabhängigen Handelsweg zu etablieren.

Der Staat selbst war nach dem Prinzip konzentrischer Kreise organisiert. Man spricht daher von einem Mandalastaat. Den Kern bildete der Palast, der im Archipel «Kraton» genannt wird, mit umliegender urbaner und semiurbaner Region, einschließlich Klöstern, Märkten und Hafen. Dieses Gebiet stand unter der direkten Herrschaft des Königs. Im weiteren Einflussgebiet des Musi-Flusses, an dem Srivijaya lag, übte der Herrscher über seine von ihm ernannten Würdenträger ebenfalls direkte Macht aus. Weiter am Oberlauf und an den Nebenflüssen nahm der direkte Einfluss stetig ab, bis im Hochland schließlich die Autorität meistenteils bei den lokalen Clanführern lag. Außerhalb des Musi-Flusssystems, entlang der Küsten, übte der Herrscher nur noch eine indirekte, je nach Entfernung und aktueller Machtentfaltung schwankende Herrschaft aus. Autorität wurde in diesen Gebieten durch Gewalt, Androhung von Gewalt, Schutzversprechen sowie Teilhabe an Macht und Reichtum aufrechterhalten.

Srivijaya war ein buddhistisches Reich. Die Informationen hierüber stammen aber fast ausnahmslos aus China und Indien. Die wichtigste Quelle für die frühe Zeit ist der chinesische Pilger I-ching. Auf seiner Reise 671 nach Indien legte er einen halbjährigen Zwischenaufenthalt in Srivijaya ein. Jahre später, auf seiner Rückreise von Indien, machte er erneut Station in Srivijaya. Er blieb fünfzehn Jahre, in denen er zahlreiche buddhistische Texte ins Chinesische übersetzte. Später kehrte er noch einmal mit vier Hilfskräften nach Srivijaya zurück, um seine Übersetzungstätigkeit fortzusetzen. Er empfahl allen Pilgern, auf ihrer Pilgerfahrt erst einmal einen Zwischenaufenthalt in Srivijaya einzulegen, um sich auf den Indienaufenthalt vorzubereiten. Denn Srivijaya sei ein bedeutendes Zentrum buddhistischer Gelehrsamkeit und beherberge nicht weniger als tausend Mönche.

Über die dynastische Entwicklung ist wenig bekannt. Offensichtlich gab es aber keine Kontinuität über einen langen Zeitraum. Deutlich wird dies an einem Wechsel, der von der Entwicklung auf Java verursacht wurde: 856 unterlag auf Mitteljava Balaputra in einem Thronfolgestreit der Shailendra Dynastie und floh nach Srivijaya, von wo seine Mutter stammte. Dort gelang es ihm, selbst an die Macht zu kommen, wobei die Umstände aber völlig im Dunkeln liegen. Aus indischen Quellen wissen wir, dass Balaputra später in Nalanda in Bengalen ein buddhistisches Kloster stiftete, um sich Anerkennung zu verschaffen.

Srivijaya war, wie alle Hafenstädte und Staaten an der Malakkastraße, völlig vom Entrepôt-Handel abhängig. Anders als die Fürstentümer auf dem Festland oder auf Java hatte es keine landwirtschaftliche Basis, die Staat und Gesellschaft hätte tragen können. Damit war Srivijaya auch stark abhängig von Veränderungen der internationalen Rahmenbedingungen, wie sie sich zum Beispiel in der zweiten Hälfte des 10. Jahrhunderts vollzogen. Weit im Westen, in Ägypten, war die Fatimidendynastie an die Macht gekommen. Sie förderte den Asienhandel und verlagerte damit die Haupthandelsroute vom Persischen Golf ins Rote Meer. Von dort verlief die Route direkt nach Südindien, wo die tamilischen Cola ein mächtiges Reich errichtet hatten. In China, am anderen Ende der Asienroute, war 960 die Song-Dynastie an die Macht gelangt. Alle drei Mächte waren sehr am Handel interessiert. Dies war zwar auf der einen Seite günstig für Srivijaya, auf der anderen Seite beförderte es aber auch Konkurrenz. Hier schaltete sich das Khmerreich ein, das in seiner Expansion auf dem Festland bis zur Malaiischen Halbinsel vorstieß, um eine direkte Handelsverbindung nach Indien herzustellen. 1012 nahm der Khmerherrscher Suryavarman Beziehungen zu den Cola auf, und 1014 wurde das Cola-Reich in China in den Rang der bevorzugten Staaten aufgenommen. Der konkrete Verlauf der Ereignisse ist nicht zu erschließen, aber 1025 kam es zu einem verheerenden Angriff der Cola auf Srivijaya, das völlig zerstört wurde und sich in der Folgezeit nur langsam wieder erholte. Der Wind hatte sich zu Ungunsten Srivijayas gedreht.

Die Cola nutzten ihren Sieg nicht aus und etablierten keine dauerhafte Präsenz an der Malakkastraße. Im Gegenteil, das Verhältnis der beiden Mächte normalisierte sich wieder. Der Cola-König Kulottunga bestätigte 1090 sogar ältere Klosterstiftungen Srivijayas im Cola-Reich und stellte deren Versorgung sicher. Der endgültige Niedergang Srivijayas im 12. und 13. Jahrhundert hatte somit nichts mit den alten Handelspartnern im Westen und Osten zu tun. Erheblichen Einfluss dürften zwei neu auf dem Plan erschienene Mächte gehabt haben, die in Konkurrenz zu Srivijaya standen. Das waren einmal die Thai, die nach Süden vordrangen und ihren Einfluss bis auf die Malaiische Halbinsel ausdehnten und damit zu einer ständigen Bedrohung aus dem Norden wurden, sowie die javanischen Königreiche, die zu dieser Zeit begannen, im internationalen Handel mitzumischen und ihren Einfluss auf kriegerische Weise nach Westen auszudehnen.

Im 12. Jahrhundert hatte sich der Hauptsitz des Reiches nach Malayu/Jambi verlagert, also weiter entfernt von Java. Eine javanische Militäraktion gegen Srivijaya im Jahr 1275, die sogenannte Pamalayu-Expedition des Reiches Singhasari, dürfte der letzte Stoß gewesen sein, der dem Reich ein Ende bereitete. Um diese Zeit hatten sich mehrere Hafenstädte bereits selbständig gemacht. Als Marco Polo 1292 in Nordsumatra an Land ging, fand er dort ein unabhängiges Königreich vor, dessen Herrscher Muslim war (s. u., S. 45 f.).

Srivijayas Verschwinden war nicht abrupt und nicht spurlos. Vielmehr verselbständigten sich seine Teile, die dann unter anderen, eigenen Namen weiterexistierten. Das Königreich Malakka, das ab ca. 1400 die Malakkastraße kontrollierte, kann als direkter Nachfolger Srivijayas gesehen werden. Und in der Tat führten die Malakkaherrscher ihre mythisch-legendarische Herkunft auf den Berg Bukit Siguntang Mahameru zurück. Dieser liegt ganz in der Nähe der ehemaligen Hauptstadt Srivijayas in Südsumatra und war wahrscheinlich der heilige Berg der Srivijaya-Herrscher. Archäologische Funde legen diese Vermutung nahe.

Srivijaya spielte bei der Ethnogenese der Malaien eine entscheidende Rolle. Unter seinem Einfluss wurde Malaiisch zur Lingua franca im ganzen insularen Südostasien. Die erwähnten Inschriften sind die ersten Zeugnisse in malaiischer Sprache, auch wenn sie in südindischer Pallava-Schrift verfasst und mit Sanskritwörtern durchsetzt sind. Man geht heute davon aus, dass diese Schrift dem rituellen Bereich vorbehalten war und dass es daneben eine Alltagsschrift für das Malaiische gab, die im ganzen Archipel in Gebrauch war. Heute existieren zwei Komplexe indigener Schriftsysteme in

Indonesien: Der eine reicht bis zur Pallava-Schrift zurück und umfasst auch die Inschriften Srivijayas und die spätere javanische Schrift. Auf der anderen Seite gibt es die indigenen Systeme, die weit auseinanderliegend über den Archipel verteilt sind: Nordsumatra (Batak), Südsumatra (Rejang, Lampung) und Südsulawesi (Makassarisch, Buginesisch). Diese, so die Vermutung, sollen auf der malaiischen Schreibschrift aus der Zeit Srivijayas fußen.

Java: Buddha neben Shiva und Vishnu

Die Inschriften aus Westjava zeugen – wie die frühen Funde aus Ostborneo – vom Übergang traditioneller Herrschaft zu einer indisch geprägten. Die schon erwähnten Inschriften von Tarumanagara aus der Mitte des 5. Jahrhunderts sind etwas Besonderes. Auf einem der Steine sind zwei Fußabdrücke eingemeißelt: die des Herrschers Purnavarman. Sie werden im Text mit denen Vishnus verglichen, der in der indischen Kosmogonie für Herrschaft steht. Viele folgende Herrscher im Archipel führten ihre Abkunft auf den Gott Vishnu zurück. Auf einem weiteren Stein sind die Fußabdrücke eines Elefanten zu sehen, die als diejenigen von Airavata, dem Reittier des Gottes Indra, interpretiert werden. Auch Indra ist im indischen Götterpantheon Herrscher und Kriegergott.

Die kleinen Königreiche Westjavas weisen keine sichtbare Kontinuität auf. Vermutlich waren sie in der Konkurrenz mit den sumatranischen Königreichen unterlegen. Die Entwicklung der javanischen Königreiche verlagerte sich von Westjava nach Mitteljava. Von dort gibt es Berichte in den chinesischen Urkunden über ein Reich Ho-ling. Sein genauer Standort ist aber bis heute nicht nachzuweisen. Inschriften finden sich erst ab dem 7. Jahrhundert, und ihre Zuordnung ist unsicher. Allerdings gibt es chinesische Quellen, die für die erste Hälfte des 7. Jahrhunderts von Gesandtschaften aus dieser Region berichten.

Am wichtigsten ist die Inschrift von Canggal. Sie wurde 732 von

Sanjaya verfasst, der als Begründer der Shailendra-Dynastie gilt. Das Reich wird heute als Mataram bezeichnet;[2] von einer dynastischen Kontinuität kann aber nicht ausgegangen werden. Die Shailendra-Dynastie bezeichnete sich in ihrer Blütezeit selbst als buddhistisch. Dennoch sind in jener Zeit in der Region auch zahlreiche hinduistische Heiligtümer errichtet worden. Sie sind im Gegensatz zu den sumatranischen aus Stein und blieben daher der Nachwelt erhalten. Dass die Dynastie gleichzeitig buddhistisch und hinduistisch/shivaitisch war, ist unwahrscheinlich. Die archäologischen Quellen legen vielmehr nahe, dass die buddhistische Dynastie der Shailendra ab einem bestimmten Zeitpunkt in der Lage war, andere, kleinere und vornehmlich hinduistische Fürstentümer zu dominieren. Relikte dieser Fürstentümer finden wir in Zentraljava weit verstreut. Dazu gehören auch die hinduistischen Tempel auf dem Dieng-Plateau, von denen man bis heute noch nicht genau weiß, von wem sie stammen und welche Verbindung sie zu anderen Tempelbauten der Region haben. Sie gelten aber als die ältesten steinernen Tempelbauten Javas. Der Hauptsitz der Shailendra befand sich in der Kedu-Ebene in der Gegend des heutigen Yogyakarta.

Aus der Zeit der Shailendra stammt auch der um 800 errichtete Borobudur-Tempel, der sich einige Kilometer nordwestlich vom heutigen Yogyakarta befindet. Es handelt sich um einen Monumentalbau und ist heute das größte buddhistische Bauwerk überhaupt. Aus derselben Zeit stammt der Tempel von Mendut. Er ist, ähnlich den hinduistischen Bauwerken, mit einer Cella versehen, in der Statuen des Buddha und zu seiner Linken und Rechten die Bodhisattvas Vajrapani und Avalokiteshvara aufgestellt sind. Vermutlich war der Mendut-Tempel eine Zwischenstation der Pilger auf dem Weg zum Borobudur. Dieser selbst hat keinen Innenraum, sondern die Form eines *stupa*: mehrere mit insgesamt 600 Buddhastatuen versehene Terrassen, fünf quadratische und drei runde, zuoberst ein zentraler *stupa*. Die balustradenartigen Gänge um die fünf Plattformen sind beidseitig mit Reliefs auf 1460 Paneelen versehen,

«Der Buddha Tempel zu Boro-Budur auf Java». Kupferstich aus Bertuchs «Bilderbuch für Kinder», 1821

die Geschichten aus den Leben des Buddha und andere fromme Überlieferungen wiedergeben. Der Weg von unten nach oben ist gleich einem Pilgerweg, der dem Pfad der Erkenntnis bis hin zur Erlösung folgt. Wie die anderen javanischen Tempel haben auch Borobudur und Mendut keine direkten indischen architektonischen Vorbilder, sondern sind indigene Schöpfungen. Die Inschriften jener Zeit verwenden nun nicht mehr Pallava, sondern die daraus entwickelte altjavanische Schrift. Ihre Sprache ist entsprechend nicht mehr Sanskrit, sondern Altjavanisch.

Leider geben die Inschriften nur wenige Informationen über die dynastische Entwicklung der Shailendra an uns weiter. Auch das Verhältnis zwischen Hinduismus und Buddhismus bedarf weiterhin einer Klärung. Tatsache ist jedoch, dass der Gründer Sanjaya dem Hinduismus anhing, was aus seinen Inschriften eindeutig her-

Relief vom Borobudur aus dem Gandavyuha-Zyklus: Sudhana empfängt Erleuchtung durch den Bodhisattva Samantabhadra.

vorgeht. Neben der Verehrung von Shiva, Brahma und Vishnu erfahren wir auch, dass Sanjaya einen *lingga*, das phallusförmige Symbol des Gottes Shiva, zur Erinnerung an seinen Sieg über die Nachbarfürsten errichten ließ. Wann und warum der Übergang zum Buddhismus stattfand, ist nicht bekannt. Allerdings wissen wir, dass die Niederlage des Thronprätendenten Balaputra und seine Flucht nach Sumatra auch einen Wendepunkt im religiösen Gefüge darstellten. An die Macht kam der hinduistische Fürst Rakai Pikatan, der ein Schwiegersohn des Shailendra-Herrschers war. Unter ihm wurde um 850 die Tempelanlage von Loro Jonggrang gebaut, die heute besser unter dem Namen Prambanan bekannt ist und östlich des Stadtrandes von Yogyakarta liegt. Die gewaltige Anlage bestand aus acht Haupttempeln und insgesamt 250 Einzeltempeln. Davon sind nur die zentralen Tempel wieder aufgebaut worden, die

Der hinduistische Tempelkomplex Loro Jonggrang (Prambanan) bei Yogyakarta auf der Insel Java wurde in den Jahren 900–930 von den Königen des Mataram-Reiches errichtet.

vor allem den Göttern Shiva, Brahma und Vishnu sowie deren Reittieren gewidmet waren. Prambanan zählt zu den größten hinduistischen Bauwerken der Welt.

Die dynastische Geschichte der Shailendra ist nicht richtig geklärt, da die archäologischen Dokumente zu lückenhaft sind. Die Machtübernahme von Rakai Pikatan wirft aber ein Licht auf die damaligen Verhältnisse. Rakai ist eigentlich der Titel eines lokalen Herrschers, dem einige Dörfer unterstanden. Schaffte er es, seinen Einfluss auf weitere Rakai auszudehnen, so konnte er sich Raja nennen. Der Oberherrscher des Reiches wiederum nannte sich Maharaja. («Großherrscher»). Die Heirat eines Abkömmlings des Maharajas mit einem Rakai bzw. Raja muss als Politik interpretiert werden, diese Rajas familiär und politisch zu binden. Wo jedoch die Übergänge zwischen direkter und indirekter Herrschaft lagen und wie fließend diese im Verlauf der Geschichte waren, wissen wir nicht.

Die Struktur der zentraljavanischen Königreiche unterschied sich fundamental von derjenigen Srivijayas und der anderen sumatranischen Hafenstädte. Während letztere völlig vom Handel abhängig waren, beruhte die wirtschaftliche Kraft der javanischen Fürstentümer auf der Landwirtschaft, also dem Reisanbau. Das Shailendra-Reich war ein Binnenreich und partizipierte kaum am internationalen Zwischenhandel. Wohl aber war Zentraljava in der Lage, Reis zu exportieren, der anderswo dringend benötigt wurde. Insofern ähnelten die javanischen Königreiche denen des festländischen Südostasien, die ebenfalls ihre Basis in der Landwirtschaft hatten und sich nur zeitweise oder partiell am internationalen Handel beteiligten. Konsequenterweise befand sich der Hauptsitz des Reiches nicht an der Küste, sondern im Landesinnern inmitten der fruchtbaren Tiefebene Zentraljavas. Seine geographische Ausdehnung und seine Einflusssphäre sind nicht bekannt, wohl aber, dass Westjava zeitweilig ein Zankapfel zwischen dem Shailendra-Reich und Srivijaya war.

Gegen 870 kam die Tempelbautätigkeit in Zentraljava zum Erliegen. Die früher relativ häufigen Gesandtschaften nach China blieben ebenfalls erst einmal aus. Von nun an begann ein Prozess der Umorientierung von Zentral- nach Ostjava. Über die Ursachen kann nur gemutmaßt werden. Ein wichtiger Grund könnte gewesen sein, dass das nunmehrige Zentrum am Brantasfluss eine direkte Verbindung zur Javasee hatte und damit eine effektivere Teilhabe am internationalen Handel ermöglichte. Eine abrupte Verlagerung ist unwahrscheinlich. Auch wenn keine Tempelbauten aus jener Zeit überliefert sind, gibt es doch eine Reihe von Inschriften, die in der Regel datiert sind. Die ältesten (vor 900) sind fast ausschließlich aus Zentraljava, diejenigen von 900 bis 928 aus beiden Regionen und die noch späteren aus Ostjava. Man vermutet, dass wirtschaftliche Gründe für die Verlagerung ausschlaggebend waren.

Als erster Herrscher in Ostjava wird Sindok genannt. Bis heute ist nicht klar, ob er aus der Shailendra-Dynastie stammte oder nicht. Der Name des Reiches war indes weiterhin Mataram. Erst um die Mitte des 11. Jahrhunderts stabilisierte sich das Reich. Zuvor gab es kriegerische Auseinandersetzungen mit Srivijaya, und eine Inschrift aus dem Jahr 1016 erwähnt die Zerstörung des Königreiches und den Tod des Herrschers. Erst Airlangga, Sohn einer javanischen Prinzessin und eines balinesischen Herrschers, gelang es, das Reich wieder zu stabilisieren und zu Macht und Größe zu führen. In der Blütezeit umfasste es Ost- und Zentraljava sowie Bali. Dass diese Regionen aber alle zentral verwaltet und beherrscht wurden, ist zweifelhaft. Aus den Inschriften geht allerdings hervor, dass unter Airlangga eine Zeit zunehmender Zentralisierung javanischer Herrschaft begann, die zumindest den Kern des Reiches betraf, weniger die Peripherie. Aus nicht bekannten Gründen teilte er das Reich vor seinem Tod auf seine zwei Söhne auf: die Königreiche Janggala und Kadiri. Da Kadiri aber mächtiger und größer wurde als Janggala und letzteres schließlich kontrollierte, wird diese Periode von 1049 bis 1222 als Kadiri-Periode bezeichnet.

In der ostjavanischen Periode und vor allem seit Airlangga können wir einen Sprung in der Entwicklung des javanischen Geisteslebens beobachten. Aus dieser Zeit stammen erste überlieferte literarische Zeugnisse. Unter anderem wurden die indischen Epen *Mahabharata* und *Ramayana* ins Altjavanische übersetzt. Ein weiteres wichtiges und sehr bekanntes Werk ist das *Arjunawiwaha*. Obwohl es von den Motiven her an das *Mahabharata* anknüpft, ist es doch in der Ausführung originär javanisch. Seit dieser Zeit haben wir eine nachvollziehbare altjavanische Literaturproduktion, die später, nach einer Übergangsphase, in die neujavanische Literatur mündete.

Zwar sind aus dieser Zeit relativ viele Inschriften erhalten, meist Stiftungsurkunden, aber es gibt kaum Tempel oder andere Gebäude. Die wenigen erhaltenen Bauten stehen größtenteils mit Wasserheiligtümern in Verbindung, denn Wasser spielte im Ritual der javanischen Fürsten eine große Rolle. Belahan und Jalatunda im Penanggungan-Gebiet zählen zu den bekanntesten.

Die Kadiri-Periode ging zu Ende, als ein Mann aus niederem Adel, Ken Arok, in Janggala durch einen Staatsstreich die Macht erlangte und die Frau des getöteten Herrschers, Ken Dedes, ehelichte.[3] Es gelang ihm auch, Kadiri selbst zu erobern, woraufhin er seine Hauptstadt in Singhasari errichtete. Ken Arok selbst blieb aber nicht lange an der Macht. Er wurde seinerseits von einem Sohn aus Ken Dedes' erster Ehe beseitigt. Deren Nachkommen stellten dann die Dynastie von Singhasari.

Die Singhasari-Periode währte zwar nur relativ kurz, nämlich bis 1292, war in der javanischen Geschichte aber sehr wichtig. Vor allem der letzte Herrscher, Kertanagara, der von 1268 bis 1292 regierte, legte die Grundlagen für das spätere Großreich Majapahit. Ein wichtiger Aspekt war die Zentralisierung, für die Kertanagara unter anderem die Voraussetzung schuf, indem er Ressourcen aus der Landwirtschaft direkt dem Herrscherhaus zugänglich machte: Abgaben gingen nun direkt an ihn. Daneben scheint Kertanagara erheblich am Ausbau des Seehandels interessiert gewesen zu sein. In diesem Zusammenhang muss man wohl auch seine Versuche sehen, den Einfluss Singhasaris über Java hinaus auszudehnen. Dazu gehört die bereits erwähnte Pamalayu-Expedition 1275. Sie sollte die Häfen an der Ostküste Sumatras unterwerfen, darunter Palembang und Jambi/Malayu als Reste des ehemals großen Srivijaya. Dabei ging es natürlich auch um die Einforderung von Tributen aus diesen Häfen. Die Expedition war erfolgreich.

Als Zeichen seiner Oberherrschaft sandte Kertanagara später, 1286, eine große Statue an die Ostküste Sumatras, ein Bildnis von Amoghapasa, einer mehrarmigen Erscheinungsform des Bodhisattva Avalokiteshvara. Daneben trug die Statue auch die sieben

Symbole der Weltherrschaft. Das ist deshalb interessant, weil es den Anspruch Kertanagaras auf Universalherrschaft ausdrückt. Ferner steht die Statue für seinen vergöttlichten Vater Vishnuvardana. Dessen Vorgänger, der 1248 gestorbene Anushanatha, wurde dagegen als Shiva vergöttlicht. Hierin kommt zum einen ein klarer hinduistisch-buddhistischer Synkretismus zum Ausdruck, der später so typisch für Majapahit werden sollte. Zum anderen sehen wir einen klaren Ausdruck der Kombination von Ahnenverehrung und Vergöttlichung der verstorbenen Herrscher. Kertanagara selbst war Anhänger des tantrischen Buddhismus und gleichzeitig der shivaitischen Bhairava-Sekte, die Shiva in seiner furchterregenden Form verehrte. Die Vereinigung des shivaitischen Bhairava und seines buddhistischen Gegenstücks Mahakala in einer einzigen Statue war durchaus üblich.[4] Der Herrscher von Malayu revanchierte sich für die Amoghapasa-Statue mit zwei Töchtern, die er nach Java sandte.

Kertanagaras Expansionspolitik in die westlichen Meeresgebiete brachte ihn in Konflikt mit den Mongolen, die seit 1279 als Yuan-Dynastie in China herrschten. Dabei waren zwei Faktoren ausschlaggebend. Zum einen sah sich Kertanagara selbst als Universalherrscher und daher nicht dem Kaiser von China tributpflichtig, wie es zuvor, zumindest formal, stets gewesen war. Zum anderen hatte sich China selbst bereits seit einiger Zeit, schon während der Song-Dynastie (960–1279), verstärkt im Überseehandel engagiert und traf nun auf die Expansion Singhasaris. Zudem verstanden die Mongolen ein Tributverhältnis wesentlich direkter als die vorhergehenden chinesischen Dynastien. Als nach mehreren ergebnislos verlaufenen Versuchen der Kaiser Kublai Khan 1289 erneut eine Gesandtschaft nach Singhasari schickte, wurde der Gesandte verstümmelt und nach China zurückgeschickt. Diese Brüskierung konnte nur Krieg bedeuten. Als aber 1292 die mongolische Expeditionstruppe in Java ankam, war Kertanagara bereits durch einen Usurpator ermordet worden. Wijaya, ein Schwiegersohn Kertanagaras, versicherte sich der mongolischen Unterstützung und schaffte

Statue des Bhairava, des hinduistischen Gottes Shiva in seiner furchterregenden Erscheinungsform, um 1250

es auf diese Weise, den Usurpator zu beseitigen und sich selbst zum Herrscher zu machen. Gegen die überraschten Mongolen ging er nun seinerseits militärisch vor. Geschlagen mussten sie nach China zurückkehren und unternahmen keinen weiteren Versuch, Java anzugreifen.

Wijaya wurde unter dem Herrschernamen Kertarajasa zum Begründer der Majapahit-Dynastie, die nach ihrem Hauptsitz benannt wurde. Majapahit wurde in der Folgezeit bis heute zum Geschichtsmythos par excellence. Es galt und gilt bei den indonesischen Nationalisten als großes Vorbild für den Nationalstaat. Das ist zwar Geschichtsromantizismus, aber nicht unbegründet. Kein Reich hat

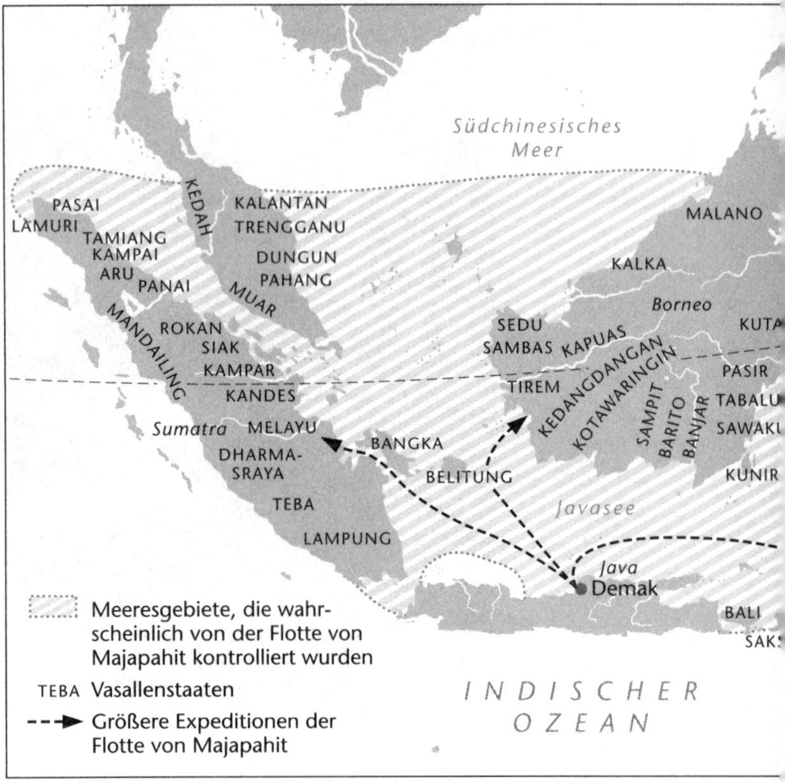

jemals eine solche Dominanz im ganzen Archipel ausgeübt wie Majapahit. Es erreichte unter dem Herrscher Rajasanagara (reg. 1350–1389), bekannt unter dem Namen Hayam Wuruk, und seinem fähigen Ministerpräsidenten Gajah Mada (reg. 1331–1364) seine größte Machtentfaltung. Gajah Mada wird heute als Nationalheld verehrt. Aus der Zeit Mahapahits ist eine Reihe von Dokumenten erhalten, darunter auch das *Nagarakrtagama*, das bedeutendste Geschichtswerk aus jener Zeit. Darin werden unter anderem alle jene Regionen aufgelistet, die Majapahit beherrscht haben soll. Sie reichen von

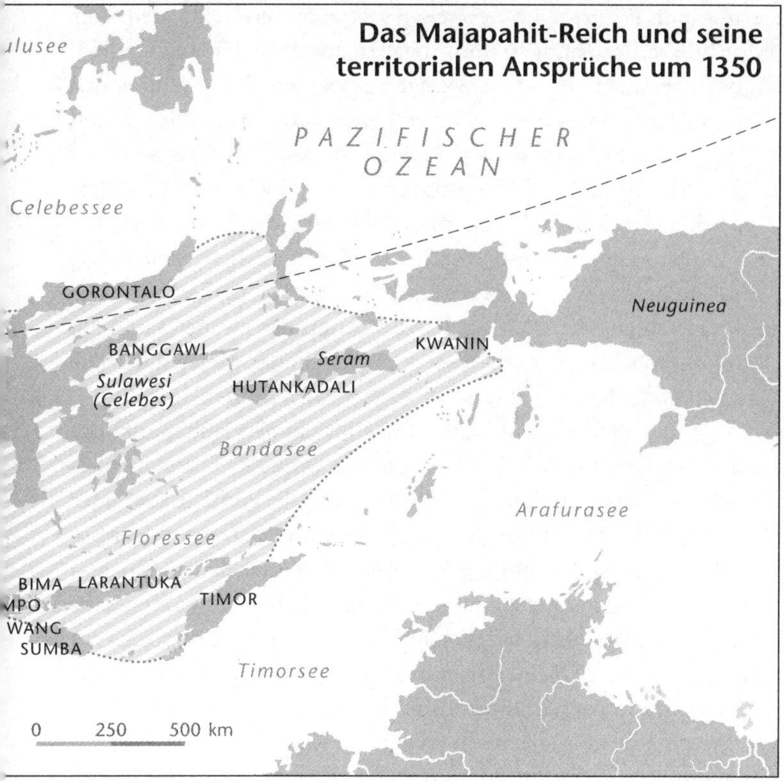

der Nordküste Sumatras bis an die Westküste Neuguineas, umfassen somit fast den gesamten Archipel mit der gewichtigen Ausnahme der Philippinen.

Majapahit hat mit Sicherheit nicht die ganze Region direkt beherrscht. Unmittelbare Regierungsgewalt wurde mit großer Wahrscheinlichkeit in Ostjava, Teilen Mitteljavas und Bali ausgeübt. Das westjavanische Königreich Pajajaran widersetzte sich erfolgreich und dauerhaft der Kontrolle durch Majapahit. Dennoch setzten die Herrscher Majapahits die in der Singhasarizeit begonnene Zentralisierungspolitik fort. Der Herrscher vertraute nun nicht mehr nur auf tributäre Beziehungen und Abgaben aus dem weiteren Umfeld, sondern bemächtigte sich selbst der Ressourcen, die in seinem unmittelbaren Herrschaftsbereich verfügbar waren. Dass dies in den Aufbau eines hierarchisierten Beamtenstaates mündete, war nur folgerichtig. Dieser Wandlungsprozess in der politischen und ökonomischen Struktur war dauerhaft und sollte die Zukunft bis zur endgültigen Kolonisierung durch die Holländer bestimmen. Die Kontrolle der meisten Seewege und die expandierende Nachfrage nach Gütern aus dem Archipel selbst waren das zweite Standbein der ökonomischen und politischen Entwicklung Majapahits. Die Hauptstadt des Reiches aber blieb weiterhin im Binnenland.

Majapahit stellt auch in kultureller Hinsicht den Höhepunkt des klassischen Java dar. Aus dieser Zeit haben wir eine Fülle von Quellen, die uns ausgezeichnete Auskunft über die Verhältnisse jener Zeit geben. Neben zahlreichen Inschriften und Bauwerken gibt es nun eine reiche literarische Tradition, einschließlich der Geschichtsschreibung. Die indigene Kulturtradition mit ihrem Synkretismus von animistischer Ahnenverehrung und indischem Gottkönigtum erlebt zu dieser Zeit ihren Höhepunkt und gleichzeitigen Abschluss. Die Integration von Hinduismus und Buddhismus zu einem einzigen System war eine spezifisch javanische Kulturleistung. Das heutige indonesische Staatsprinzip *Bhinneka tunggal ika* – «Einheit in Vielfalt» – bezieht sich auf diese Einheit der Religionen.

Die sogenannte Indisierung

In der gesamten «indisierten» Periode hat es nie eine komplette Übernahme indischer Vorbilder gegeben, weder im religiösen noch im sozialen und künstlerischen Bereich. Indische Konzepte wurden stets im Sinne der indigenen Erfordernisse integriert oder assimiliert, zur Entwicklung komplexerer gesellschaftlicher und ökonomischer Strukturen funktionalisiert oder abgewandelt. Eine zentrale Stellung nahm dabei die Legitimation von Herrschaft ein. Auf der Ebene der dörflichen Bevölkerung war die Durchdringung mit indischem Gedankengut viel weniger sichtbar als in den Schichten der Elite. Indisch inspirierter Tanz, um nur ein Beispiel zu nennen, wurde an den Fürstenhöfen aufgeführt, während auf der dörflichen Ebene traditionelle indigene Tänze weiterhin das Bild bestimmten.

Evident wurde die selektive Übernahme bzw. Integration indischer Vorstellungen auf der sozialen Ebene. Das hinduistische Kastensystem wurde entweder gar nicht oder nur stark abgewandelt aufgegriffen. Auch das Verhältnis zwischen Buddhismus und Hinduismus ist dafür ein Zeugnis. Beide existierten nicht nur über lange Zeiträume nebeneinander, sondern gingen sogar Verbindungen ein, wie im Fall Majapahits. Der Buddha wurde teilweise selbst zu einem Teil der indischen Götterwelt. Und da die Götterwelt von so großer Bedeutung für die Legitimation von Herrschaft war, stand der Mahayana-Buddhismus mit seiner vielgestaltigen Götterwelt den indonesischen Herrschern immer näher als der eher fundamentale Theravada-Buddhismus der buddhistischen Frühzeit.[5]

Die alten indigenen Traditionen sind stets die zugrundeliegende kulturelle Schicht geblieben. So lässt sich auch leicht erklären, wie die Idee der Ahnenverehrung, die in der traditionellen Gesellschaft ein zentrales Element darstellte, in der Zeit Majapahits nicht nur weiterhin wirksam war, sondern mit den indischen Ideen von Gottkönigtum und göttlicher Inkarnation eine perfekte Synthese einging. Selbst später, in islamischer und kolonialer Zeit, verschwanden diese Merkmale nicht völlig. In manchen christianisierten Gesellschaften, wie zum Beispiel den Toba- und Karo-Batak in Nordsumatra, sind Ahnenverehrung und Animismus immer noch ein präsentes Element. Interessanterweise waren es meist die hochreligiösen Elemente, die in Krisenzeiten zuerst erodierten, während die traditionellen Elemente sich behaupteten bzw. wieder verstärkt in Erscheinung traten und neue Synkretisierungsprozesse in Gang setzten. Die frühe Phase der Islamisierung legt davon ein beredtes Zeugnis ab.

3. Die Islamisierung Indonesiens, bis ca. 1600

Machtverhältnisse und Berührungspunkte

Wie die Indisierung war auch die Islamisierung ein Prozess freiwilliger Übernahme neuer Konzepte. Es hat nie eine Eroberung von außen gegeben, sondern Islamisierung war ein auf lokaler Ebene induzierter und realisierter Vorgang. Zwar kam es im Zuge der Islamisierung und später auch zu religiösen Begründungen für Feldzüge innerhalb Indonesiens, etwa im Krieg islamischer Hafenstädte in Nordjava gegen Majapahit (s. u.). Die ersten Konversionen und auch die meisten späteren waren jedoch friedlich.

Bereits seit Entstehen des Islam im 7. Jahrhundert waren muslimische Araber als Teil des asiatischen Handelsnetzwerks in südostasiatischen Hafenstädten präsent und siedelten dort teilweise sogar in eigenen Vierteln. Zu Übertritten zum Islam hat das allerdings über lange Zeit nicht geführt. Warum es dann in der zweiten Hälfte des 13. Jahrhunderts doch dazu kam, ist unter den Gelehrten sehr umstritten gewesen. Zum einen liegt das an der äußerst dürftigen Quellenlage, zum anderen auch an ideologischen Voreingenommenheiten. Ein Blick auf die politische Lage im Archipel des ausgehenden 13. Jahrhunderts dürfte die Rahmenbedingungen etwas verdeutlichen.

Srivijaya war zu jener Zeit als politische Macht verschwunden. An der Küste Ostsumatras hatten sich zahlreiche Hafenstädte mehr oder weniger verselbständigt. Im Osten befanden sich das mächtige Reich Singhasari und später Majapahit. Singhasari hatte durch die Pamalayu-Expedition (s. o.) bereits gezeigt, dass es Suzeränitätsansprüche auf Sumatra erhob. Zur selben Zeit schied China infolge der politischen Turbulenzen mit anschließender Machtergreifung der Mongolen als Schutzmacht aus. Ferner wurde die Region durch die nach Süden expandierenden Thai bedroht. Der Angriff einer thailändischen Flotte auf Jambi gilt als historisch gesichert. Weiter westlich wurden der Indische Ozean und seine Handelsrouten durch ein muslimisches Handelsnetzwerk dominiert, das mächtige Rückendeckung durch das ägyptische Mamlukenreich (1250–1517) hatte. Im Osten und Norden gab es also nur potenzielle Gegner, im Westen dagegen eher potenzielle Bündnispartner, die im Krisenfall hilfreich sein konnten.

In dieser Zeit war die indisch-buddhistische Hochkultur, die einst den Hof Srivijayas dominiert hatte, verblasst. In den kleinen Hafenstädten, die von einem Raja regiert wurden, waren anscheinend animistische Elemente wieder deutlicher in den Vordergrund getreten, wie die älteste uns erhaltene malaiische Chronik, deren Erstfassung aus dem 14. Jahrhundert stammt, nahelegt.[6]

Das politische, ideologische und ökonomische Umfeld hatte sich also im ausgehenden 13. Jahrhundert an der sumatranischen Ostküste tiefgreifend verändert. Vor diesem Hintergrund ist es nur verständlich, wenn sich die Herrscher der kleinen Hafenorte dem Westen zuwandten. Bis dahin gab es für eine Hinwendung der Herrscher zum Islam keine Veranlassung. Freie, individuelle Konversionen gab es ohnehin nicht, da der Herrscher die Religion der Untertanen bestimmte. Er war nicht nur weltlicher Herrscher, sondern auch religiöser Führer in einem politischen und sozialen System, das zur Gänze religiös definiert und legitimiert war.[7] Die fremden Händler, einschließlich der islamischen, hatten in den Häfen ihre eigenen Viertel und verwalteten sich, sofern sie zahlenmäßig groß genug waren, selbst unter eigener Jurisdiktion.

So ging der entscheidende Schritt zur Konversion allem Anschein nach vom Herrscher aus. Dies legen auch die malaiischen Chroniken nahe, obgleich deren historische Exaktheit natürlich kritisch gesehen werden muss. Die ehedem vorhandenen Vorstellungen vom Gottkönigtum und von der sakrosankten Stellung des

Herrschers lassen sich auf den ersten Blick nur schwer mit sunnitisch-islamischen Vorstellungen von der Gleichheit aller Menschen vor Gott in Einklang bringen. Es muss also Berührungspunkte gegeben haben, die die Konversion ermöglichten, ohne die Position des Herrschers in Frage zu stellen.

Die Antwort liegt vermutlich in der muslimischen Geistesgeschichte. Nach der Zerstörung des Abbasidenkalifats, als der Kern der islamischen Welt zum ersten Mal unter die Herrschaft von Ungläubigen geriet, entwickelte und verbreitete sich die mystische Form des Islam, der Sufismus. Insbesondere die monistische Weltsicht der Alleinheitsmystiker bildete wohl den Schlüssel für gemeinsame Schnittmengen. Demnach ist die ganze Welt eine Emanation göttlicher Essenz. Das heißt, die Welt ist Teil Gottes, der sich in der Natur entäußert. Dies trifft sich mit der animistischen Vorstellung, dass die gesamte Natur von einer einheitlichen Substanz erfüllt sei, die sich auch in der Kraft äußert, die alles Leben erfüllt. Die Person, die die meiste Lebenskraft – im Malaiischen *sakti* genannt – auf sich vereinigt, ist die vorzüglichste Person und damit zum Herrscher bestimmt. In der islamischen Mystik wiederum ist es das Ziel des Mystikers, auf dem Weg durch die Emanationsstufen die *unio mystica* mit Gott zu erreichen. Es gibt somit Menschen, die der Einheit mit Gott sehr nahe sind. Es dürfte auf der Hand liegen, dass die malaiischen Herrscher dies für sich beanspruchten. Viele Indizien sprechen für diese wichtige Rolle des Sufismus bei der Übernahme des Islam. Unter anderem weist die schon erwähnte Chronik *Hikayat Raja Pasai* neben zahlreichen animistischen Elementen viele Bezüge zur Mystik auf.

Erste islamische Reiche im Archipel

Von Pasai an der Nordostküste **Sumatras** stammt der erste eindeutige Hinweis auf einen islamischen Herrscher. Sein Grabstein ist auf 1297 datiert. Marco Polo, der 1292 durch diese Region kam, erwähnte das benachbarte Perlak als islamisch, Pasai jedoch nicht. Gleichwohl gilt es heute als Ausgangspunkt für die Islamisierung des Archipels. Von wo der Islam nach Indonesien kam, ist bis heute umstritten, vieles spricht aber für Südindien mit der Malabarküste. Es wird nicht nur in der besagten Chronik explizit erwähnt, sondern hat mit Indonesien zudem die schafiitische Rechtsschule gemeinsam. Dies bestätigt auch der arabische Reisende Ibn Battuta, der 1345 und 1346 auf seiner Fahrt nach China in Nordsumatra an Land ging.

Wie stark die Islamisierung auf die lokalen Bedingungen einging, beweist unter anderem ein Inschriftenstein aus Terengganu an der Ostküste **Malaysias**. Er stammt aus dem 14. Jahrhundert und gilt als das älteste erhaltene malaiischsprachige islamische Dokument neben den zahlreichen Grabsteinen. Es handelt sich um einen unvollständigen Gesetzestext, in dem beispielsweise das Wort *Allah* für Gott nicht erwähnt wird, sondern stattdessen der Sanskritbegriff *dewata mulia raya*. Bemerkenswerterweise waren bis in die jüngste Vergangenheit viele Begrifflichkeiten in der islamischen Religion immer noch aus dem Sanskrit oder Javanischen entlehnt. Dazu zählen so zentrale Begriffe wie «beten» *(sembahyang)*, «Hölle» *(neraka)* und «Paradies» *(sorga)*.

Nach einer Initialphase erfolgte im 15. Jahrhundert die weitere Islamisierung relativ schnell entlang der Handelsrouten. Das betraf zum einen die Route an der Malakkastraße durch das Südchinesische Meer nach China, zum anderen die Route in den Osten des Archipels in die Molukken, an der auch die nordjavanische Küste lag, Pasisir genannt. Dort fasste der Islam ebenfalls Fuß, allerdings nicht durch die Konversion der lokalen Herrscher, sondern indem sich in den Hafenstädten islamische Händler ansiedelten. Fern vom Sitz des Herrschers im Binnenland konnten sie an der Küste zu einem dominanten Faktor werden und selbständig Missionsarbeit betreiben. Insofern unterschied sich die Islamisierung **Javas** von der auf den anderen Inseln. Fern vom politischen Zentrum von Majapahit konnten diese Händler ihren Einfluss immer weiter ausbauen und schließlich unabhängige politische Einheiten bilden. Der bedeutendste dieser kleinen islamischen Hafenstaaten war Demak.

Das Erstarken der Küstenstädte ging einher mit einer Schwächung der Zentralmacht. Die Ursachen hierfür sind nicht ganz geklärt, da es aus jener Zeit fast keine einheimischen historischen Dokumente gibt. Ein wichtiger Punkt dürften aber, wie oft in der javanischen Geschichte, Thronstreitigkeiten gewesen sein. Demak jedenfalls war in der Lage, den Rumpfstaat Majapahit herauszufordern und schließlich, um 1527, militärisch zu besiegen. Die Reste der Dynastie zogen sich daraufhin nach Bali zurück, das bis heute seine hinduistische Identität bewahrt hat.

Im Westen war die Konversion des Malakka-Herrschers ein wichtiger Schritt. Das Königreich **Malakka** auf der Malaiischen Halbinsel war ein Nachfolgestaat Srivijayas. In seiner Chronik wird dargelegt, dass die Vorväter der Herrscher vom Bukit Siguntang Mahameru stammen, also jenem Götterberg, der direkt bei Srivijaya lag. Der Raja von Malakka ging um 1400 eine eheliche Verbindung mit einer Tochter des muslimischen Pasai-Herrschers ein. Sein Übertritt zum Islam war deswegen so bedeutend, weil Malakka für die nächsten 100 Jahre der mächtigste Staat im westlichen Archipel wurde und die nach ihm benannte Malakkastraße kontrollierte. Der Seehandel nahm um diese Zeit einen beträchtlichen Aufschwung, vor allem nachdem seit 1368 die Ming-Dynastie in China herrschte. So wurden im 15. Jahrhundert zahlreiche Handelsplätze an den Schifffahrtsrouten islamisch: Brunei in Nordborneo, Sulu in den heutigen Südphilippinen, Ternate in den Molukken, Buton in Südostsulawesi, Gresik und Demak in Nordjava, um nur einige zu nennen.

Dennoch war der Islam zu jener Zeit immer noch nur punktuell etabliert. Darüber hinaus war er stark von indigenen Vorstellungen durchdrungen, wozu unter anderem auch die sakrosankte Stellung des Herrschers gehörte. Der größte und nachhaltigste Islamisierungsschub erfolgte erst im 16. Jahrhundert. Er hatte zumindest

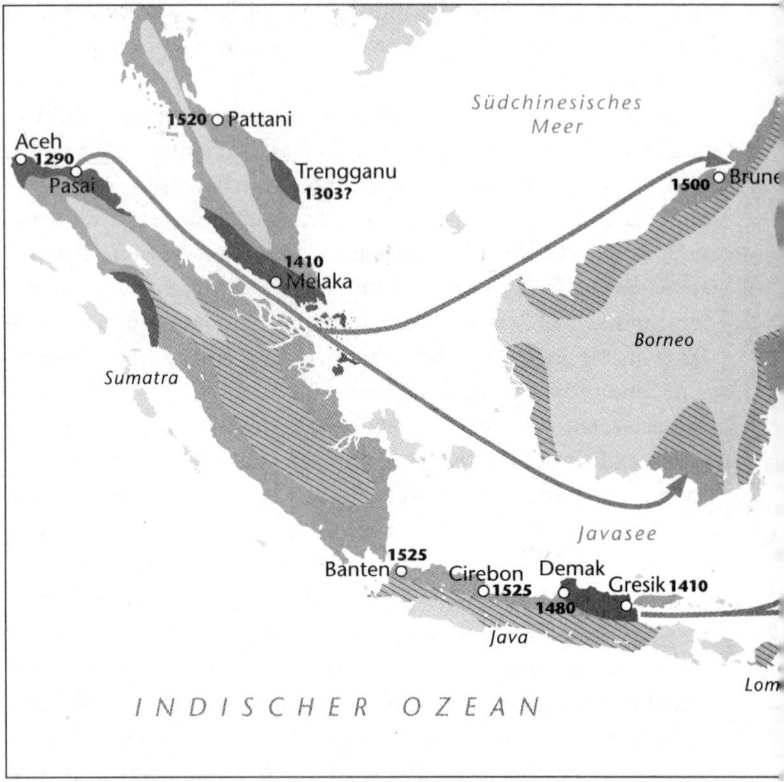

zum Teil mit dem Eindringen europäischer Mächte in den Archipel zu tun.

In der Folgezeit waren die Berichte über die Islamisierung Javas stark von Legenden geprägt. So wird sie allgemein dem Wirken von neun Heiligen *(wali songo)* zugeschrieben. Einige von ihnen sind als historische Persönlichkeiten fassbar, andere dagegen rein legendarisch. Bis heute ist nicht klar, was mit der historischen Wahrheit übereinstimmt und was nicht. Historisch belegt ist aber auf jeden Fall, dass **Demak** die Herrschaft über Ost- und Mitteljava

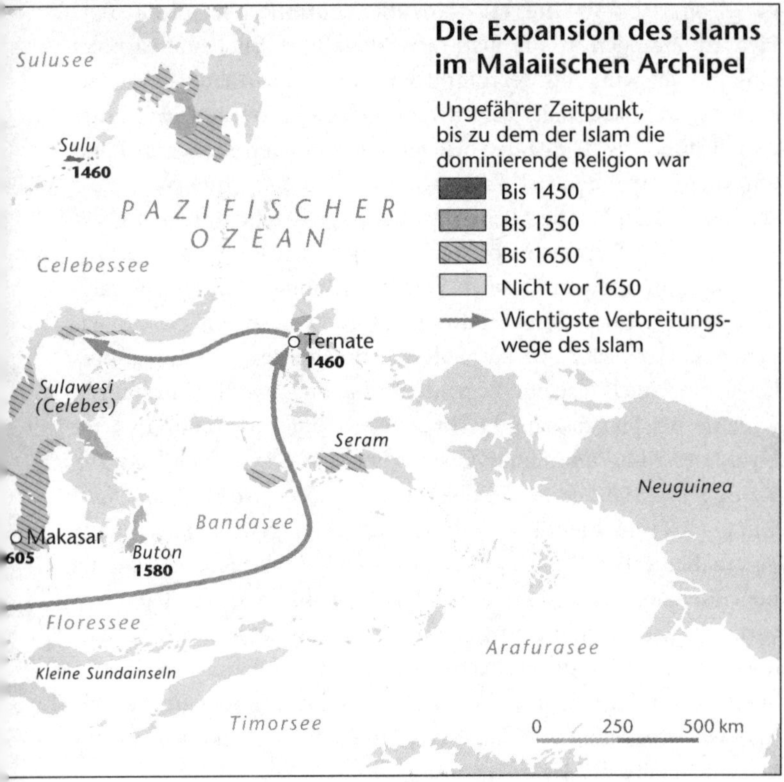

übernahm und 1523 sogar eine Expedition nach Banten ganz im Westen Javas entsandte, das dann in den folgenden Jahrzehnten als islamischer Lehnsstaat regiert wurde. **Banten** machte sich schließlich unter seinem Herrscher Hasanudin selbstandig und wurde gegen Ende des 16. Jahrhunderts eines der mächtigsten Sultanate jener Zeit. Hauptquelle des Reichtums war der Pfefferhandel, denn Banten beherrschte die Hauptanbaugebiete in Westjava und dem südlichen Sumatra.

Demak war es gelungen, unter seinem fähigsten Herrscher Trenggana (reg. 1505–1518 u. 1521–1546) die Kontrolle über große Teile Javas zu erlangen, wenn auch nicht dauerhaft. Bis heute ist nicht einmal klar, wie groß der Einfluss Demaks im Inneren Javas tatsächlich war; jedenfalls verschwand er in der zweiten Hälfte des 16. Jahrhunderts. Unter den wieder selbständigen kleineren Fürstentümern befanden sich Pajang und Mataram in Mitteljava, wo es seit dem 10. Jahrhundert kein mächtiges Reichszentrum mehr gegeben hatte. Die Geschichte der Gründung beider Fürstentümer liegt in sagenumwobenem Dunkel. Von Pamanahan, dem ersten Herrscher Matarams, wissen wir fast nichts, und von seinem Nachfolger Senapati, der das Reich zum Blühen brachte und Pajang assimilierte, sind auch fast nur Legenden erhalten. Aus diesen erfahren wir zum Beispiel, dass die Macht Senapatis auf seinem Bündnis mit Nyai Loro Kidul und Sunan Giri beruhte. Nyai Loro Kidul war die Königin des Südmeeres, die über eine Geisterarmee herrschte, und Sunan Giri war einer der erwähnten neun Heiligen, die Java islamisiert haben sollen. An dieser Geschichte wird deutlich, wie eng die neue Religion, der Islam, mit älteren javanischen Vorstellungen verknüpft ist. Bis in die jüngste Vergangenheit hat sich die Vorstellung gehalten, dass die Herrscher Matarams und daran anknüpfend die des Nachfolgesultanats Yogyakarta mit Nyai Loro Kidul verheiratet gewesen seien. Erst der jetzige Herrscher Yogyakartas hat von diesem Anspruch Abstand genommen.

Senapati herrschte vermutlich bis 1601 und legte das Fundament für das später mächtigste javanische Reich der Neuzeit, das zum gefährlichsten Gegner der holländischen Kolonialherren werden sollte. Banten, Cirebon und Ostjava blieben aber noch außerhalb der Reichweite Senapatis. Dennoch war ein Prozess in Gang gesetzt, der allmählich die Herrschaft des Binnenlandes über die Küste wiederherstellte, mit der wichtigen und großen Ausnahme Bantens in Westjava. Die kulturellen Auswirkungen waren beachtlich: Während die Küstenstädte den islamischen Einflüssen aus dem Westen direkt ausgesetzt waren, breitete sich im Inneren eine stark synkretistische Strömung aus, die in späterer Zeit so typisch für den javanischen Islam werden sollte. Die Tendenz verstärkte sich noch, nachdem die Häfen der Nordküste von den Niederländern in Besitz genommen wurden und Java vom Rest der islamischen Welt abgeschnitten wurde.

4. Das Vordringen der Europäer, bis ca. 1700

Mäßige Erfolge der Portugiesen

Ohne Zweifel war der Drang der europäischen Mächte hin zu den Gewürzinseln Südostasiens der entscheidende Anstoß, der zur Herausbildung der späteren Kolonialreiche führte. Im europäischen Spätmittelalter waren Gewürze aus dem Malaiischen Archipel sehr gesucht und folglich auch von großer wirtschaftlicher Bedeutung. Der Handel mit Pfeffer, Nelken und Muskat wurde von islamischen, vor allem arabischen Händlern dominiert, die die Waren aus Asien in den Nahen Osten brachten, vor allem nach Ägypten, und von dort an die Handelsstädte Venedig und Genua weiterverkauften. Da die Gewinnspannen enorm waren, lag es nahe, nicht nur Venedig und Genua aus dem Geschäft zu drängen, sondern auch unter Umgehung des Nahen Ostens den direkten Weg zu den Quellen des Reichtums zu suchen.

Portugal verfolgte diesen Plan über einen langen Zeitraum. Während das benachbarte Spanien noch mit der Reconquista beschäftigt war, tasteten sich die portugiesischen Seefahrer langsam an den Küsten Westafrikas vor. Nachdem Bartolomeu Dias 1488 den Indischen Ozean erreicht hatte, stieß Vasco da Gama 1497 bis an die indische Malabarküste vor. Letztlich konnten sich die Portugiesen, da sie mit ihren europäischen Produkten aus verschiedenen Gründen nicht konkurrenzfähig waren, vor allem über militärische Gewalt ihren Platz im Handelsnetzwerk sichern. Nach Errichtung von Basen in Sokotra und Hormuz gelang es ihnen 1510, Goa an der Westküste Indiens zu erobern und dort ihren Hauptstützpunkt für die weiteren asiatischen Expansionen zu errichten. Der entscheidende Schritt war aber die Kontrolle des Haupthandelszentrums für südostasiatische Gewürze: **Malakka.** 1511 gelang es Afonso de Albuquerque, Malakka zu erobern und für die nächsten 130 Jahre für Portugal zu sichern. Bereits ein Jahr später erreichten die Portugiesen die Molukken, die als Gewürzinseln bekannt waren.

Portugal konnte sein Ziel, den Gewürzhandel zu monopolisieren, nie verwirklichen. Es war ihm zwar gelungen, das asiatische Handelsnetzwerk gründlich zu zerreißen, beherrschte es aber nie. So ging auch der Glanz Malakkas nicht an Portugal über. Stattdessen waren die Portugiesen die meiste Zeit in dieser Stadt unter Belagerung, und der malaiische Handel verlagerte sich an andere Häfen, die sich der portugiesischen Kontrolle weitgehend entzogen. Der Zusammenbruch des malaiischen Malakka hatte zudem das Erstarken anderer einheimischer Fürstentümer zur Folge, die um Macht und Handelsanteile konkurrierten. In der Nachbarschaft Malakkas sind in erster Linie Aceh in Nordsumatra und Johor auf der Malaiischen Halbinsel zu nennen.

Johor war das Nachfolgesultanat von Malakka und stellte eine ständige militärische Bedrohung für das ehemalige Handelszentrum dar. Eine noch stärkere Bedrohung wurde Aceh, das erst in der Auseinandersetzung mit den Portugiesen groß geworden war. Sultan Ali Mughayat Syah (reg. ca. 1514–1530) hatte 1524 einen portugiesischen Stützpunkt bei Pasai beseitigt und eine portugiesische Flotte besiegt. Die Folgezeit war geprägt von einem ständigen Kampf zwischen Aceh, den Portugiesen und Johor. Vor allem **Aceh** sah seinen Krieg gegen die Portugiesen und auch gegen nicht-islamische Regionen auf Sumatra als Kampf für den Islam. So wurde der Kampf gegen die eindringenden Iberer zunehmend zum Krieg zwischen Muslimen und Ungläubigen und trug wesentlich zur verstärkten Islamisierung der Region bei.

Einen entscheidenden Anteil daran hatten die Portugiesen selbst. Ganz im Sinne der Reconquista und beseelt von missionarischem Eifer machten auch sie die Auseinandersetzung zu einem Kampf zwischen Christentum und Heidentum. Auf der Seite Acehs waren es die islamischen Mächte im Westen, die bereitwillig Unterstützung im Kampf gegen die Ungläubigen gewährten: Das im Aufstieg begriffene Osmanische Reich stellte Artillerie und Kanoniere zur Verfügung, der indische Staat Golkonda schickte Soldaten.

Wenngleich es keinen Sieger in dieser Auseinandersetzung gab, so war doch Aceh in der Lage, die Portugiesen und letztlich auch Johor auf Distanz zu halten. Aceh wurde ein bedeutendes Reich und konnte diese Position bis zur Mitte des 17. Jahrhunderts halten. Es beherrschte einen Großteil der Nordost- und Nordwestküste Sumatras, in seiner Glanzzeit auch Teile der Malaiischen Halbinsel und Sumatras Westküste. Neben dem Entrepôt-Handel war die Pfefferproduktion an der sumatranischen Westküste eine wichtige Einnahmequelle der acehischen Sultane.

Im **östlichen Archipel** agierten die Portugiesen auch nur mit gemischtem Erfolg. Anfangs gelang es ihnen, die Konkurrenz zwischen den beiden Molukkensultanaten Ternate und Tidore auszunutzen. Sie schlugen sich auf die Seite von Ternate und bauten dort ein Fort. Ein Monopol konnten sie aber nicht durchsetzen. Entsprechende Versuche führten nur zu einer Ausweitung des Gewürzanbaus in Regionen, die sie nicht kontrollierten, und auch die einheimischen Herrscher waren nicht an einem portugiesischen Monopol interessiert. Als dann die Portugiesen 1570 auch noch Sultan Hairun von Ternate ermordeten, weil er ihnen illoyal erschien, brach ein Aufstand aus, der sie zwang, nach fünfjähriger Belagerung ihr Fort auf Ternate zu verlassen und nach Tidore umzuziehen. Hairuns Sohn Baabullah wurde ein erbitterter Gegner der Portugiesen und führte einen Heiligen Krieg gegen sie. Alle Untertanen, die von den Portugiesen zum Christentum bekehrt worden waren, mussten zum Islam konvertieren.

Ihren Hauptsitz verlegten die Portugiesen aber weiter nach Süden, nach Ambon. Dort gab es keinen Sultan, und sie konnten ungestört missionieren. Ambon lag auch in sicherer Entfernung von den Philippinen, wo mittlerweile die Spanier von Osten her Fuß gefasst hatten und Ansprüche auf die Gewürzinseln erhoben. Ein ständiger Konflikt war die Folge, der auch nicht erlosch, als Spanien und Portugal von 1580 bis 1640 unter einer Krone vereint waren.

Nirgendwo im Archipel realisierten die Portugiesen ein Monopol oder wurden zur bestimmenden politischen Macht. Im Gegenteil, sie integrierten sich immer mehr als eine von vielen Kräften in das archipelagische Handelsnetzwerk. Bleibende Wirkung hatte die portugiesische Präsenz nicht, obgleich man in verschiedenen Regionen noch kulturelle Spuren findet – sogar kreolisches Portugiesisch sprechende Mischbevölkerungen. Lediglich das heutige Osttimor blieb bis in die jüngste Vergangenheit Teil der lusitanischen Welt (s. u., S. 166 f.). Dennoch setzten die Portugiesen, wenn auch unbeabsichtigt, einige Entwicklungen in Gang: Zum einen förderten sie die Ausweitung von Handel und Gewürzproduktion innerhalb des Archipels. Zweitens ist der Aufstieg einer Reihe von Lokalmächten (s. u.) zu nennen, die den Handel zu ihrer Grundlage machten. Drittens sorgten sie durch ihre Politik – bei mäßigem Christianisierungserfolg – für eine Beschleunigung der Islamisierung, da sich der Islam als einigende antikoloniale Kraft etablierte. Und viertens bereiteten sie den Boden für das Auftreten von Holländern und Engländern.

Letztlich waren sie der Konkurrenz der Niederländer nicht gewachsen. In der zweiten Hälfte des 16. Jahrhunderts hatte sich das koloniale Interesse der Portugiesen bereits verlagert. Es konzentrierte sich auf Brasilien mit seiner Zuckerproduktion und den Sklavenhandel sowie im asiatischen Kontext auf den China- und Japanhandel.

Das Handelsmonopol der Niederländer

Die Ankunft der Niederländer hatte weitreichendere und bleibende Folgen. Die Niederlande hatten 1581 ihre Unabhängigkeit von Spanien erklärt und befanden sich danach für die nächsten Jahrzehnte im Kriegszustand mit Spanien und, wegen der zeitweiligen Perso-

Jan Pieterszoon Coen (1587–1629), der Generalgouverneur der niederländischen Ostindien-Kompanie, gründete 1619 die Stadt Batavia (Jakarta). Kupferstich, um 1720

nalunion, auch mit Portugal. 1596 erreichte die erste holländische Flotte Java. Es war der Beginn der sogenannten «wilden Fahrt», bei der verschiedene holländische Städte und Gesellschaften unkoordiniert und miteinander konkurrierend Handelsschiffe in den Osten schickten. Dieser unbefriedigende Zustand wurde 1602 mit der Gründung der Vereinigten Ostindischen Kompanie (*Vereenigde Oost-Indische Compagnie*, VOC), einer Vereinigung von sechs niederländischen Kammern bzw. Städten, beendet. Die niederländische Regierung verlieh der Kompanie ein Privileg, das sie mit quasi-staatlichen Rechten ausstattete. Sie konnte auf dieser Grundlage internationale Verträge schließen, Kriege erklären, Land in Besitz nehmen und eine eigene Rechtsprechung einrichten. Ab 1610 wurde die VOC von einem Generalgouverneur geführt.

Zu Beginn hatte die Ostindien-Kompanie ihr Hauptquartier in Ambon. Das erwies sich aber als ungünstig, da die Insel zu weit von den zentralen Seerouten entfernt lag. Aus diesem Grund errichteten die Holländer 1611 ein Handelskontor in Jayakerta auf **Java**, das strategisch nahe der Sunda- und der Malakkastraße lag. Die Sundastraße war inzwischen eine wichtige Alternative zur unruhigen Malakkastraße, wo sich ständig Portugiesen, Leute aus Aceh und Johor sowie Piraten bekriegten. Jayakerta war jedoch ein Vasall des westjavanischen Sultanats Banten, das mit dem niederländischen Eindringen keineswegs einverstanden war. Nach einigen Wirren, die den lokalen Potentaten ebenso einschlossen wie englische Händler und Bantens Truppen, eroberte schließlich 1619 Generalgouverneur Jan Pieterszoon Coen (reg. 1618–1623, 1627–1629) die Stadt und benannte sie in Batavia um. Sie blieb bis zum Ende der Kolonialzeit Hauptstadt und Verwaltungszentrum Niederländisch Indiens.

In den folgenden Jahrzehnten ging die *Vereenigde Oost-Indische Compagnie* mit außergewöhnlicher Brutalität daran, ihr Handelsmonopol zu errichten, das sich nicht nur gegen den einheimischen Freihandel richtete, sondern auch gegen europäische Konkurrenten. Neben den bereits etablierten Portugiesen waren das vor allem die Engländer, die mit ihrer East India Company Fuß zu fassen versuchten. Zunächst waren die Holländer im Osten des Archipels willkommen, da sie Gegner der Portugiesen waren. Das änderte sich aber sehr schnell, als die Einheimischen sich den holländischen Wünschen nicht fügen wollten. In den **Molukken** wurde Ambon unterworfen, als es Verträge nicht einhielt. Ternate ging ein Bündnis mit der VOC ein, wurde dadurch aber in militärische Auseinandersetzungen mit Spanien hineingezogen. Am Ende blieb Ternate ebenso wie seinem Konkurrenten Tidore nur ein Vasallenstatus. Als sich die Einheimischen der Banda-Inseln, die das Zentrum der

Muskatproduktion waren, weigerten zu kooperieren, wurde die Mehrheit von ihnen kurzerhand umgebracht; man siedelte Sklaven und Zwangsarbeiter an, die die Muskatproduktion aufrechterhalten sollten.

Auch mit der europäischen Konkurrenz ging die VOC nicht zimperlich um. Unter dem Vorwand der Konspiration wurde die Besatzung der englischen Faktorei in Ambon hingerichtet. Die Engländer hatten nicht die Möglichkeit, darauf angemessen zu reagieren. Sie zogen daher die Konsequenzen und konzentrierten sich auf andere Regionen Asiens. Lediglich in Bengkulu (Bencoolen) an der Südwestküste Sumatras behielten sie einen permanenten Stützpunkt, von dem aus sie Pfefferhandel betrieben und den sie bis zum Londoner Vertrag 1824 (s. u.) aufrechterhielten.

Wo die VOC ihr Monopol durchsetzte, verelendete die Bevölkerung. Gewürze durften nur noch an bestimmten Orten angebaut und zu festgelegten Preisen vermarktet werden. Während die Herrscher mit einer Apanage mehr schlecht als recht entschädigt wurden, blieb der Bevölkerung fast nichts. Ab 1649 führte die VOC regelmäßige Schiffsexpeditionen in die Molukken durch, um «illegale» Pflanzungen zu vernichten. Zahlreiche Aufstände in den Molukken waren die Folge. Der letzte wurde 1675 niedergeschlagen.

Die rigorose Politik der VOC im Osten förderte indirekt das Erstarken einer anderen Regionalmacht: Makassar in Süd-Celebes, dem heutigen **Südsulawesi**, wurde seit dem Eindringen der Europäer in den Archipel Zentrum von Händlern, die aus dem Raum der Malakkastraße nach Osten auswichen oder umgekehrt dem Klammergriff des holländischen Monopols in den Molukken entkommen wollten. Aber nicht nur einheimische Händler versammelten sich in Makassar. Auch Europäer anderer Nationen wie Engländer, Portugiesen und Dänen, dazu Chinesen und Inder – alle wollten ihren Anteil am Gewürzhandel. Auf dieser Grundlage konnte Makassar zu beträchtlicher Blüte aufsteigen, was noch dadurch begünstigt wurde, dass Ternate und Tidore die Kontrolle über weite Gebiete ihres Territoriums verloren. Makassar besetzte diese Leerstelle, trat für den offenen Handel ein und war damit ein Gegengewicht zur monopolorientierten VOC. Die Sultane von Makassar galten als weltoffen und innovationsfreudig.

Es ist klar, dass bei dieser Konstellation eine Koexistenz zwischen Makassar und der Ostindien-Kompanie nicht möglich war. Nachdem die VOC in den Molukken und auch auf Java den Rücken frei hatte, ging sie daran, Makassar militärisch in die Knie zu zwingen. Dies gelang ihr aber erst, nachdem sie einheimische buginesische Nachbarfürsten für ihre Dienste einspannen konnte. Nach der entscheidenden militärischen Niederlage 1666 kam der endgültige Zusammenbruch 1669. Sultan Hasanudin hatte der Kombination aus holländischer Flotte und buginesischen Fußtruppen nicht mehr viel entgegenzusetzen. Danach hatte die VOC niemanden mehr im Osten zu fürchten. Der Bevölkerung Südsulawesis sollte die Niederlage Makassars indes keinen Frieden bringen, sondern vielmehr, wie auch in anderen Regionen, wirtschaftlichen Niedergang. Viele Buginesen und Makassaren verließen das Land. Sie wurden bis weit ins 18. Jahrhundert hinein als Seeräuber und Söldner ein destabilisierender Faktor im ganzen Archipel und sogar bis nach Thailand.

Auf **Java** selbst war die VOC in der Anfangszeit stets damit beschäftigt, mit erheblichem Aufwand die Sicherheit ihrer Hauptstadt Batavia zu gewährleisten, denn diese lag an der Schnittstelle zwischen den beiden Reichen Banten und Mataram. **Mataram** befand sich Anfang des 17. Jahrhunderts auf dem Zenit seiner Macht. Sultan Agung (reg. 1613–1646) hatte das Reich zu großer Macht geführt. Mit Ausnahme der Stadt Batavia und der beiden Königreiche Banten im äußersten Westen und Balambangan an der Ostspitze stand ganz Java unter Matarams Kontrolle bzw. Einfluss. Der wichtigste Kontrahent, Surabaya, war 1625 erobert worden. Damit war die ganze Nordküste mitsamt ihren Häfen, einschließlich der Insel Madura, in Matarams Hand. Das konnte aber nicht darüber hinwegtäuschen, dass die Animositäten zwischen den auf Handel ausgerichteten Häfen und dem agrarischen Landesinneren weiter bestanden, zumal die Händler in den Hafenstädten überhaupt nicht

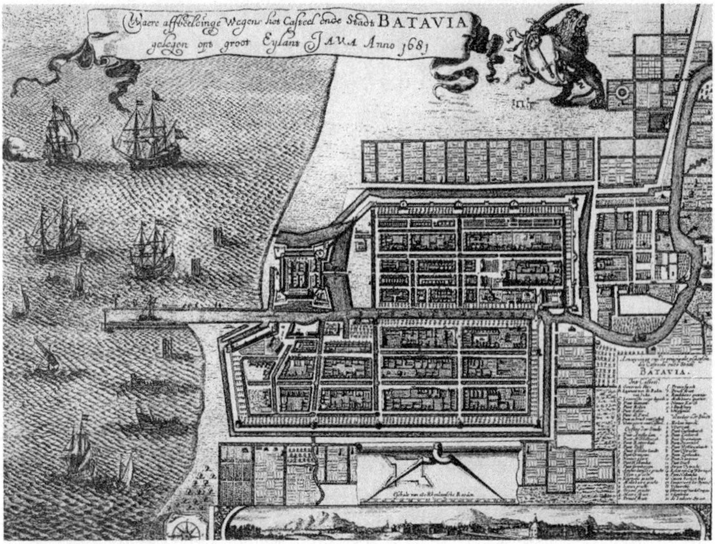

«BATAVIA gelegen opt groot Eylant JAVA ...»: Plan der 1619 gegründeten Stadt Batavia. Kupferstich, 1681

einsahen, warum sie mit ihren Steuerabgaben den ihnen fremden Hof finanzieren sollten.

Sultan Agungs Macht basierte auf einem Militärstaat. Bis zu seinem Ende war er ständig in militärische Auseinandersetzungen verwickelt. Die folgenschwerste war indes die mit der VOC. Anfangs hatte Sultan Agung noch das Bündnis mit der VOC gesucht, um so gemeinsame Konkurrenten ausschalten zu können, vor allem Surabaya. Als die VOC jedoch ihren Stützpunkt in Batavia aufbaute, war eine rote Linie überschritten, denn Sultan Agung hatte den Anspruch, ganz Java zu beherrschen.

Zunächst besiegte er Surabaya, danach wandte er sich gegen die VOC. Ein erster Versuch, Batavia zu erobern, scheiterte 1628 knapp. Der zweite Versuch ein Jahr später endete in einem Desaster.

Von da an bemühte sich Sultan Agung um ein pragmatisches Verhältnis zur VOC. Das wurde umso dringlicher, als die Holländer 1641 Malakka von den Portugiesen eroberten und ihren Einfluss im westlichen Archipel festigten. Damit schied ein Bündnis Matarams mit den kleinen malaiischen Sultanaten, vor allem Palembang und Jambi, aus. Die Träume von einer Vormachtstellung im Archipel waren ausgeträumt.

Obgleich ein Binnenreich, war Mataram über die Häfen an der Nordküste dennoch stark in den regionalen Handel eingebunden. Es belieferte die Häfen im Archipel, die in der Regel kaum Hinterland und damit auch nur eine ungenügende landwirtschaftliche Versorgung hatten, mit Reis im Tausch gegen Gewürze. Dies wurde aber immer schwieriger, weil die Holländer den Gewürzhandel zu monopolisieren trachteten. Auch im Inneren war Mataram nicht so stabil, wie es nach außen den Anschein hatte. Sultan Agung hatte sein Reich hauptsächlich mit militärischen Mitteln erobert und zusammengehalten. Kleine Schwächen führten vor diesem Hintergrund immer wieder zu Revolten und Loslösungsversuchen.

Sultan Agungs Nachfolger Amangkurat I. (reg. 1646–1677) strebte deshalb eine innere Stärkung des Reiches an und versuchte gleichzeitig, sich den Rücken gegenüber der VOC freizuhalten. Noch im Jahr der Thronbesteigung schloss er mit ihr einen Vertrag, demzufolge sich Mataram völlig aus den Molukken zurückzog und die VOC Handelsrechte in Mataram erhielt. Im Gegenzug erkannte die VOC die Souveränität des Sultanats an und zahlte sogar einen symbolischen Tribut.

Am wichtigsten aber waren die Reformen im Inneren. Mataram gab den Export von Reis weitgehend auf; das neue Ziel hieß, den Handel in die Häfen Matarams zu holen. Außerdem wurde unter anderem im Bereich Textilien Importsubstitution betrieben, um die Abhängigkeit von den holländischen Einfuhren zu verringern. Bis dahin stammten nämlich viele Textilien aus Indien und waren lukratives Handelsgut. Auf der politischen Ebene wurde die Erbfolge der lokalen Fürsten abgeschafft und somit eine weitere Zentralisierung vollzogen. Diese betraf auch das Steuerwesen; von nun an standen die Steuern dem Sultan gänzlich zur Disposition. Am Ende der Amtszeit Amangkurats I. war die alte Aristokratie entmachtet und der gesamte Staat auf den Sultan konzentriert. In seinem Bestreben, die Aristokratie und die lokalen Fürsten zu entmachten und zu kontrollieren, ging der Sultan mit großer Brutalität vor und schreckte selbst vor dem Mord an eigenen Familienmitgliedern nicht zurück. Auch das geistige Leben wurde einer zunehmenden Kontrolle durch den Herrscher unterworfen; der Kultus wurde ganz auf ihn fokussiert. Die traditionelle islamische Geistlichkeit wurde entmachtet und bei Widerstand getötet. Die Wiederbelebung hinduistisch-javanischer Traditionen brachte einen typisch javanischen Synkretismus hervor, der für die nächsten Jahrhunderte das religiöse und auch politische Leben Javas bestimmen sollte.

All diese Reformen konnten Mataram aber nicht vor seinem Niedergang bewahren. Die außenpolitischen Rahmenbedingungen verhinderten eine dauerhafte Stabilisierung des Staates. Der durch die VOC-Politik verursachte Niedergang des Handels führte zu einer Verarmung der Küstenstädte. Steuererhöhungen, die die Verluste aus dem schwindenden Handel ausgleichen sollten, führten zu Armut und Unzufriedenheit. Die Loyalität der ehemals einflussreichen Aristokratie existierte nicht mehr, und die Reste der orthodoxen Geistlichkeit standen in scharfer Opposition zum Herrscher.

Die Politik gegenüber den Hafenstädten war schwankend. Einerseits war der Herrscher auf deren Steuerzahlungen angewiesen, andererseits fürchtete er ein erneutes Erstarken der Küstenstädte. Mal schloss er die Häfen komplett, mal gewährte er der VOC exklusive Rechte und ein andermal förderte er den Handel wieder. Unter diesen Bedingungen kann es nicht verwundern, dass an der Küste ein Aufstand losbrach. Trunojoyo, ein Aristokrat aus Madura, der sich auf seine Abstammung von Majapahit berief, erhob Anspruch auf den Thron und vereinigte die oppositionellen Kräfte auf Madura und an der Nordostküste Javas. Amangkurat I. konnte die Rebellion, die 1674 begann, nicht eindämmen.

Zu Beginn bestand noch ein gewisses Einverständnis zwischen dem Thronprätendenten und dem Kronprinzen von Mataram, dem späteren Amangkurat II. Dies zerbrach aber, je stärker Trunojoyo tatsächlich auf den Thron drängte und je mehr die Kampagne gegen Amangkurat I. den Charakter einer anti-niederländischen und anti-christlichen Bewegung annahm. Mit Hilfe makassarischer Abenteurer gelang es Trunojoyo, den Herrscher aus seinem Palast zu vertreiben. Amangkurat I. verstarb auf der Flucht 1677. Sein Sohn bestieg dann sofort mit Hilfe der VOC als Amangkurat II. den Thron. Er war völlig auf die Holländer angewiesen und machte ihnen daher von Anfang an erhebliche Zugeständnisse. 1679 gelang es ihm, mit ihrer Unterstützung und ihren buginesischen Hilfstruppen unter Arung Palakka die Rebellion niederzuschlagen. Amangkurat II. erdolchte Trunojoyo persönlich. Bis 1681 war die noch verbliebene Opposition niedergerungen.

Der Preis für die niederländische Unterstützung war indes hoch. Mataram hatte sämtliche Kriegskosten zu tragen; dafür wurden die Einkünfte aus den Häfen zur Verfügung gestellt. Ferner bekam die VOC das Monopol auf den Einkauf von Reis und Zucker sowie den Import von Opium und Textilien, außerdem Zollfreiheit. Ferner trat Mataram den wichtigen nordjavanischen Hafen Semarang direkt an die VOC ab. Das Territorium von Batavia wurde um ein Mehrfaches vergrößert und reichte nun von der Nord- bis zur Südküste.

Für Mataram hatte der Anfang vom Ende seiner Größe begonnen. Aber auch für die VOC waren die Resultate nicht nur positiv. Entgegen ihren Erwartungen hatte sie nun ständig Militär in Mataram stationiert. Die Kosten dafür waren sehr hoch, und die Einkünfte durch die erwähnten Privilegien flossen nicht so üppig, wie man sich das vorgestellt hatte, da schlicht die Kontrollmöglichkeiten fehlten. Das nunmehr ständige holländische Engagement auf Java sollte ein Grund für den finanziellen Niedergang der VOC im 18. Jahrhundert werden.

Nachdem Mataram als Bedrohung aufgehört hatte zu existieren, gab es nur noch zwei einheimische Sultanate, die der holländischen

Vorherrschaft im Archipel ernsthaft im Wege standen: Aceh in Nordsumatra und Banten in Westjava. Beide schöpften ihren Reichtum aus dem Pfefferhandel. Und in dem Maße, in dem die Bedeutung der Gewürze der Molukken für die VOC zurückging, wuchs das Interesse am Pfefferhandel. Bei Banten kam noch hinzu, dass es unmittelbar an Batavia angrenzte und daher mit seiner anti-holländischen Einstellung eine direkte Bedrohung darstellte.

Seit Malakkas Niederlage hatte sich **Banten** zum Freihafen im westlichen Archipel entwickelt und nahm damit eine ähnliche Stellung ein wie Makassar im Osten. Es wurde zum Zufluchtsort jener, die der Monopolpolitik der VOC andernorts weichen mussten, unter anderem der Engländer, Dänen und Chinesen. Bantens letzter bedeutender Herrscher, Sultan Ageng (reg. 1651–1683), war gegenüber den Niederländern sehr feindlich eingestellt. Dies zeigte sich deutlich in seiner Unterstützung für die Trunojoyo-Rebellion. Die Gelegenheit zum Handeln bot sich den Holländern 1680. Sultan Ageng hatte ihnen den Krieg erklärt; gleichzeitig befand sich das Reich in einem Machtkampf zwischen dem Sultan und seinem Kronprinzen. Dieser putschte gegen seinen Vater, konnte aber nicht die Oberhand gewinnen, da die islamische Geistlichkeit auf der Seite Sultan Agengs und seiner anti-holländischen Politik stand. Der Kronprinz machte daraufhin den Holländern weitgehende Zugeständnisse. Für die VOC war die militärische Kampagne kein Problem, da der Krieg in Mataram soeben beendet war und dadurch Kräfte frei wurden. Sultan Ageng wurde besiegt und ins Exil nach Batavia gebracht, wo er 1695 starb. Der Kronprinz bestieg unter dem Namen Sultan Haji den Thron in Banten. Die Verträge mit der VOC beendeten aber Bantens Unabhängigkeit. Sultan Haji gab nicht nur die Pfefferanbaugebiete in Südsumatra auf. Der Hafen von Banten wurde für fremde Händler geschlossen, die VOC baute dort ein Fort, und der Sultan durfte keine selbständige Außenpolitik mehr betreiben.

Aceh blieb das Schicksal der anderen Sultanate weiter östlich erst einmal erspart. Seine Macht wurde aber im Laufe der zweiten Jahrhunderthälfte erheblich beschnitten. 1663 schloss die Ostindien-Kompanie einen Vertrag mit den Minangkabau an der Westküste Sumatras, der den größten Teil der Westküste unter VOC-Kontrolle brachte. Für Aceh entfielen damit wichtige Pfefferanbaugebiete. Auf diese Weise brachen die ökonomischen Grundlagen der Sultansherrschaft weg. Die Folge war ein Wiedererstarken der auf lokaler Landwirtschaft beruhenden traditionellen Eliten im Landesinneren auf Kosten des Sultanats. Diese Entwicklung reduzierte Aceh immer mehr zu einer Mittelmacht, von der für die Niederländer keine Gefahr mehr ausging.

Die Außeninseln bis zum Ende der VOC: Bali, Borneo, Molukken und Kleine Sundainseln, Sulawesi

Bali. Die Geschichte Balis ist sehr schlecht dokumentiert. Aus archäologischen Funden ist allerdings bekannt, dass die Nordküste schon kurz nach der Zeitenwende Beziehungen nach außen gehabt haben muss. Darauf deuten Töpferwaren aus Indien hin. In späterer Zeit befand sich Bali unter der Herrschaft der mächtigen javanischen Reiche, darunter Singhasari und Majapahit. Es wurde bereits erwähnt, dass sich die Reste der Majapahit-Dynastie nach ihrer Niederlage auf Java nach Bali zurückzogen. Dort stellten sie in der Folgezeit die Eliten der Insel und bestimmten maßgeblich die kulturelle Entwicklung.

Das einzige bekannte balinesische Reich, das über einen längeren Zeitraum die Region beherrschte, ist Gelgel, benannt nach seiner Hauptstadt an der balinesischen Ostküste. Zu seiner Blütezeit im 16. Jahrhundert umfasste es neben Bali die Region Balambangan in Ostjava, Teile Lomboks und einige Küstengebiete Sumbawas. In West-Lombok übte Bali einen dauerhaften kulturellen und religiösen Einfluss aus; bis heute ist die Region stark balinesisch geprägt. Balambangan kam in späterer, holländischer Zeit unter islamischen

Einfluss, während in Ost-Lombok und auf Sumbawa der Islam bereits vor der balinesischen Herrschaft dominierte.

Mitte des 17. Jahrhunderts zerfiel Gelgel, und es bildeten sich mehrere Kleinstaaten heraus. Am mächtigsten war Buleleng an der Nordküste, das seinen Einfluss zeitweise auch auf Balambangan in Ostjava ausdehnen konnte. Bulelengs Macht ging allerdings im 18. Jahrhundert zurück. Klungkung im Osten reklamierte für sich, Nachfolger von Gelgel zu sein. Karangasem, ebenfalls an der Ostküste, wurde zum mächtigsten Fürstentum Ost-Balis und beherrschte auch den Westen Lomboks. Mengwi war das mächtigste Fürstentum im Süden der Insel. Es unternahm große Anstrengungen, Einfluss auf Balambangan auszuüben, was letztlich durch die VOC-Intervention scheiterte.

Die balinesische Vielstaaterei setzte sich bis zur Eroberung der Insel durch die Niederländer fort. Die heutigen Regierungsbezirke der indonesischen Provinz Bali sind eine Folge dieser historischen Kleinstaaten.

Ökonomisch hatte Bali keine zentrale Bedeutung. Es war allerdings wichtig für den Sklavenhandel, denn balinesische Sklaven waren in Batavia sehr gefragt. Bali war neben der Vogelkopf-Halbinsel auf Neuguinea, Südsulawesi, Buton und Nordsumatra/Nias ein Hauptherkunftsgebiet für den Sklavenhandel im Archipel.

Borneo. Die größte Insel Asiens war in der Geschichte nie eine politische Einheit. Für die historische Entwicklung war das Inselinnere nie relevant oder gar bestimmend, wenngleich es Produkte für den Handel bereitstellte. Einheitlicher war dagegen die Geschichte der Küstenabschnitte, die sich nach den vier Himmelsrichtungen gliedern lassen.

Die Nordküste gehörte zu den früh islamisierten Regionen des Archipels, wobei die Lage an den Handelsrouten ausschlaggebend gewesen war. Das Sultanat Brunei, das der Insel ihren Namen gab, existiert seit dem 15. Jahrhundert. Es hat sich lange seine Unabhängigkeit bewahrt, bis im 19. Jahrhundert immer größere Teile unter britische Kolonialherrschaft kamen. Heute ist es auf einem Restgebiet das einzig verbliebene unabhängige Sultanat Südostasiens. Die Niederländer haben nie ernsthafte Versuche unternommen, Brunei unter ihre Kontrolle zu bringen.

Anders verhielt es sich mit den anderen Küsten Borneos. Die West- und die Südküste waren stets auswärtigen Einflüssen ausgesetzt. Nicht nur Majapahit erhob Ansprüche auf dieses Gebiet, sondern auch das Nachfolgereich Mataram. Vor allem in Südborneo haben die langen Beziehungen zu Java bleibenden kulturellen Einfluss hinterlassen. Den Niederländern gelang es bis zum Ende der VOC nur gelegentlich, auf die Fürstentümer Borneos Einfluss zu nehmen, und auch meist nur in geringem Maße. In der Regel beschränkten sie sich auf Militäroperationen oder versuchten, durch Einmischung in dynastische Auseinandersetzungen Einfluss zu gewinnen. Über längere Perioden überließen sie Borneo völlig sich selbst.

Die Südküste wurde von Banjarmasin beherrscht, einem selbständigen Sultanat, das hauptsächlich vom Pfefferanbau lebte. In der ersten Hälfte des 17. Jahrhunderts stand es unter der Souveränität Matarams, konnte diese aber mit dem Niedergang des Reiches um die Mitte des Jahrhunderts abschütteln.

Etwas komplizierter war die Lage an der Westküste. Wichtigste Stadt dort war Sukadana. Erste Versuche der Holländer zu Beginn des 17. Jahrhunderts, dort wegen des Diamantenhandels Fuß zu fassen, schlugen fehl. In der Folgezeit erhob die VOC immer wieder Suzeränitätsansprüche über Sukadana, da die Stadt formal abwechselnd Vasall von Banten und Mataram war, die ihrerseits unter holländischem Einfluss standen. Sukadana war nie alleiniger Beherrscher der Westküste. Es gab vielmehr eine ganze Anzahl von malaiischen Fürstentümern, nicht nur an der Küste, sondern auch entlang des Kapuasflusses im Landesinneren. Das wichtigste dieser konkurrierenden Fürstentümer war Sambas im nördlichen Abschnitt, das enge Bindungen zu Johor pflegte, später auch das weiter südlich zwischen Sambas und Sukadana an der Küste gelegene Mempawah.

Die politische Lage an der Westküste wurde komplizierter, als im Jahr 1772 ein arabischer Abenteurer von Mempawah aus die Stadt Pontianak und dort dann die Qadri-Dynastie gründete. Die Qadris waren sehr geschickt und suchten das Bündnis mit den Niederländern, um sich an der Westküste als dominante Macht zu etablieren. Dazu intrigierten sie zunächst gegen Sukadana und zerstörten es mit Zustimmung und Hilfe der VOC. Auch Mempawah konnte auf diese Weise weitgehend neutralisiert werden. Pontianak wurde damit zum wichtigsten holländischen Bündnispartner an der Westküste und behielt diese Position bis zur Unabhängigkeit Indonesiens.

Weiter im Norden, auf dem Territorium von Sambas, hatten sich schon zuvor bedeutende Änderungen angebahnt. Dort war Gold gefunden worden, weshalb die Herrscher von Sambas ab 1760 chinesische Arbeiter für die Goldminen anwarben. Die Chinesen wurden aber so zahlreich, dass sie in der Lage waren, sich in Clanverbänden, den *Kongsis*, zu organisieren und auf diese Weise von ihren Gastländern quasi-unabhängige Republiken zu gründen. Dies sollte später, im 19. Jahrhundert, zu erheblichen Reibereien und zu einem massiven Eingreifen der Niederländer führen.

In Ostborneo war Kutai das beherrschende Sultanat, aber auch zu dessen Geschichte gibt es kaum Quellen. Die im 2. Kapitel erwähnten, aus dem Jahr 400 stammenden Inschriftensteine dürften kaum mit der neuzeitlichen Dynastie in Verbindung stehen, die dort in holländischer Zeit und bis zur Unabhängigkeit herrschte. Die Niederländer waren kaum an Kutai interessiert. Dafür war das kleine Sultanat nach dem Fall Makassars 1669 ebenso wie andere Regionen im Osten Borneos dem Treiben buginesischer Piraten und Abenteurer ausgesetzt. Dies hielt bis weit ins 18. Jahrhundert an.

Molukken und Kleine Sundainseln. Nachdem die Niederländer ihr Gewürzmonopol in den Molukken durchgesetzt hatten und die dortigen Sultanate in ihrer Bedeutung marginalisiert waren, wurde die Region im Laufe des 18. Jahrhunderts immer unwichtiger für die Holländer. Das hatte zum einen damit zu tun, dass die spezifischen Molukkengewürze Nelken und Muskat im VOC-Handel insgesamt dramatisch an Bedeutung verloren. Zum anderen wurden in späterer Zeit diese Gewürze auch in anderen Regionen Indonesiens kultiviert.

Auch unter sicherheitspolitischen Gesichtspunkten nahm die Bedeutung der Molukken ab. Die Portugiesen spielten keine Rolle mehr, ebenso wenig die andere europäische Konkurrenz. Und auch von den Spaniern auf den Philippinen ging keine echte Bedrohung mehr aus. Allenfalls das Sulu-Sultanat stellte noch eine Gefahr dar. Die notorischen Piratenraubzüge aus der Sulu-See in die ostindonesischen Regionen waren über lange Zeit eine Geißel der Region. Dies betraf aber weniger die Niederländer als die Einheimischen selbst. Zudem verschlangen die VOC-Kriege auf Java enorme Mittel, so dass auch aus diesem Grund die Regionen im Fernen Osten vernachlässigt wurden.

Bis zum Ende der VOC-Ära hatten die Holländer nur ein schwaches Interesse an den Kleinen Sundainseln östlich von Bali und Lombok. Am dauerhaftesten war es noch auf Timor und die vorgelagerte Insel Roti gerichtet. Das lag aber wohl weniger am wichtigsten Produkt der Region, dem Sandelholz, als vielmehr an der Präsenz der Portugiesen. Timor war die letzte Region im Archipel, die ihnen noch verblieben war.

1520 hatten die Portugiesen Siedlungen in Lifau und Kupang auf Timor errichtet, als Stützpunkte für den Sandelholzhandel mit China. Auf Solor nordwestlich von Timor errichteten sie 1566 ein Fort. Durch intensive Missionierung und Vermischung mit Einheimischen bildete sich eine Kreolbevölkerung, die als Topasse bezeichnet wurde. Zwar gelang es den Holländern 1613, den Portugiesen das Fort auf Solor abzunehmen. Ein Ende der portugiesischen Präsenz bedeutete das aber nicht. Stattdessen wichen die Topasse nach Ost-Flores aus und etablierten dort unabhängige Gemeinschaften. 1653 verlegten die Holländer ihr Hauptquartier nach Kupang. Nach kriegerischen Auseinandersetzungen mit den dortigen Topassen wurde ihre Anwesenheit vertraglich geregelt. So war es den Topassen und ihrem ständigen Kleinkrieg mit den Holländern zu verdanken, dass die Portugiesen in der Region verblieben. Das heißt nicht, dass Topasse und Portugiesen stets Bündnispartner gewesen wären. Im Gegenteil, die Kreolen entwickelten eine eigene Identität mit eigenen Interessen, die auch zu Konflikten mit den Portugiesen führten. Dies ging so weit, dass sich die Portugiesen 1769 gezwungen sahen, ihre Hauptstadt aus dem Westen Timors nach Dili im Ostteil zu verlegen, wo sie denn auch bis zum Ende der Kolonialzeit 1975 und darüber hinaus verblieb. Die Topasse haben bis heute als ethnische Gruppe in Ostindonesien Bestand.

Sulawesi. Auf der geographisch stark gegliederten Insel Sulawesi gab es drei Regionen, die für die Niederländer von Interesse waren: die Nordspitze mit Manado, Makassar im Süden und Buton im Südosten.

Südsulawesi ist die Heimat der Makassaren und Buginesen, zweier ethnisch und sprachlich eng miteinander verwandter Bevölkerungsgruppen. Die Region war in mehrere unabhängige Fürstentümer aufgeteilt. Im Lauf des 16. und 17. Jahrhunderts gelang es dem makassarischen Königreich Goa, eine dominante Stellung einzunehmen. Das lag an seiner Fähigkeit, einen funktionierenden Hafen einzurichten und die Händler, die nach den Eroberungen der Portugiesen und Holländer aus anderen Hafenplätzen auswichen, zu ihrer Hauptstadt Makassar zu leiten, vor allem nachdem der Herrscher 1605 zum Islam übergetreten war. Mitte des 17. Jahrhunderts war Makassar das Zentrum des gegen die Holländer gerichteten Handels im östlichen Archipel. Sein Einfluss erstreckte sich nicht nur über den größten Teil Sulawesis, sondern auch bis auf die Kleinen Sundainseln, vor allem Sumbawa, und Ost-Borneo. Makassar war es aber trotz zahlreicher Kriege nicht gelungen, sämtliche buginesischen Fürstentümer in der Nachbarschaft dauerhaft an sich zu binden. Dieser Umstand war das entscheidende Einfallstor für holländischen Einfluss. Die VOC verbündete sich mit Arung Palakka, einem Adeligen aus dem buginesischen Fürstentum Bone, einem Nachbarfürstentum von Makassar. Nach dem gemeinsamen Sieg 1669 wurde Arung Palakka Herrscher in Bone. Seine rücksichtslose Politik veranlasste dann, wie oben dargelegt, viele Makassaren und Buginesen, ihre Heimat zu verlassen und in den Regionen westlich von Sulawesi als Abenteurer, Söldner und Piraten ihr Glück zu suchen.

Manado im Norden hatte zuerst unter portugiesischem, dann spanischem, später makassarischem Einfluss gestanden. Schon vor dem Untergang Makassars kam auch Manado unter direkte holländische Herrschaft, als die VOC dort 1658 ein Fort baute. Weitere kleinere Stützpunkte in Nord-Sulawesi und den vorgelagerten Inseln folgten.

Auf Sulawesi gab es eine Reihe weiterer kleiner Fürstentümer. Eins der größeren war Buton im Südosten, ebenfalls ein Sultanat, das vor der Durchsetzung des holländischen Handelsmonopols im Osten ein Subzentrum im Einflussgebiet von Ternate gewesen war. Mit dem Niedergang Ternates geriet es in den Einflussbereich Makassars und später, nach Makassars Niederlage, unter niederländische Herrschaft.

5. Das niederländisch-indische Kolonialreich im 18. und 19. Jahrhundert

Das 18. Jahrhundert sah bedeutende Entwicklungen in der kolonialen Geschichte und auch der Geschichte der noch unabhängigen Gebiete des Archipels. Am Ende standen aber der Untergang der Niederländischen Ostindien-Kompanie und ein fundamentaler Wandel in der Struktur kolonialer Herrschaft: Die Handelsgesellschaft wandelte sich immer mehr zur Territorialmacht, und die einheimischen Fürstentümer wurden politisch bedeutungslos. Bis dahin aber gab es keine Brüche, vielmehr lief ein Prozess weiter, der bereits im 17. Jahrhundert begonnen hatte.

Java: Kriege um Mataram

Zu Beginn war die Vereenigde Oost-Indische Compagnie eine reine Handelsgesellschaft. Dieses Geschäftsmodell ließ sich aber auf Dauer nicht aufrechterhalten. Die VOC wurde immer mehr zu einem Zwittergebilde, das nicht nur Handel betrieb, sondern politisch sehr aktiv war und fast zwangsläufig immer mehr in die Rolle einer Territorialmacht hineinwuchs. Letzteres betraf vor allem Java. Das lag daran, dass Batavia ein immer größeres Umland benötigte, um sich sicher zu versorgen. Die Auseinandersetzungen mit Mataram und Banten waren nicht ohne dauerhafte Präsenz in diesen Gebieten zu führen. Auf den Außeninseln stellte sich die Lage im 18. Jahrhundert noch etwas anders dar. Dort beschränkte sich die direkte niederländische Verwaltung auf Teile der Molukken, Nord- und Südsulawesis, Kupang auf Timor, Padang an der Westküste Sumatras und Malakka. Ansonsten verlegte sich die VOC darauf,

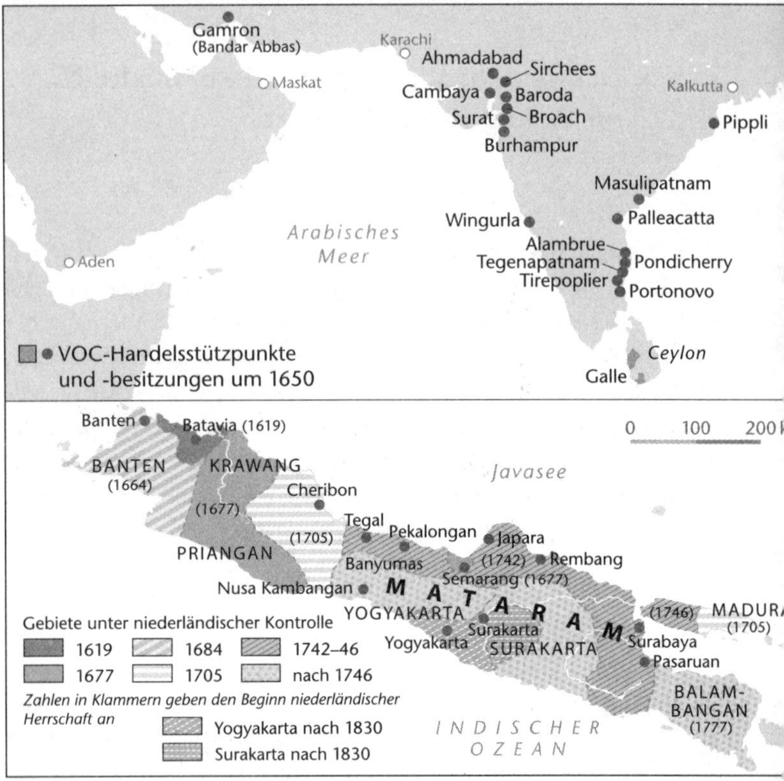

kleinere Fürstentümer durch Verträge an sich zu binden und darauf zu achten, dass keines davon zu stark wurde oder gar auf Konfrontationskurs ging.

Anders verhielt es sich mit Java. Mataram war eine ständige Quelle von Unruhen und Gefahren, die von der VOC nicht ignoriert werden konnten. So war Java konsequenterweise auch die einzige Region, in der im 18. Jahrhundert eine territoriale koloniale Expansion stattfand. Auf Java herrschte eine latente antiholländische Stimmung, die sich aus vielen Quellen speiste, vor allem

Besitzungen und Stützpunkte der Vereinigten Ostindischen Kompanie (VOC) in Asien

aus der ökonomischen Ausbeutung, der Beschneidung der Rechte der einheimischen Eliten und religiösen Ressentiments. Die Kriege, die im 18. Jahrhundert um Mataram ausgefochten wurden, bezeichneten die Niederländer als Erbfolgekriege; in der indonesischen Geschichtsschreibung sind es indes Unabhängigkeitskriege. In der Tat kam es in vielen Fürstentümern zu Thronfolgestreitigkeiten, weil die Primogenitur nicht eindeutig festgelegt war. Aber ausgewachsene Kriege entstanden erst dadurch, dass die Holländer stets denjenigen Prätendenten unterstützten, der für sie genehmer war, meistens den Schwächeren, weil von ihm größere Zugeständnisse im Falle der Unterstützung zu erwarten waren.

Bereits unter Amangkurat III., der 1703 als Nachfolger seines Vaters den Thron bestieg, wurde die antiholländische Stimmung wieder zum politischen Faktor. Die VOC unterstützte daraufhin seinen Onkel, den Bruder von Amangkurat II. Sie marschierte mit Hilfe zahlreicher einheimischer Hilfstruppen in der Hauptstadt Kartasura ein und installierte diesen unter dem Herrschernamen Pakubuwono I. Amangkurat III. floh in den Ostteil des Reiches, wo sich seit fast zwanzig Jahren ein Aufständischer ein eigenes Herrschaftsgebiet aufgebaut hatte: Surapati, ein entlaufener Sklave aus Batavia, der heute als indonesischer Nationalheld verehrt wird. Die Holländer verfolgten Amangkurat aber auch dorthin. Surapati wurde getötet und Amangkurat III. gefangen genommen und ins Exil nach Ceylon geschickt. Pakubuwono I. trat den Holländern den Ostteil Maduras ab, das wichtig für die Salzproduktion war, und gestand ihnen das Recht zu, überall im Reich nach Belieben Garnisonen einzurichten.

Für die nächsten Jahrzehnte versank Mittel- und Ostjava in anhaltendes Chaos. Im Osten hielten sich die Nachfolger Surapatis und stritten mit Bali um die Balambangan-Region. Im Nordosten behielt die Cakraningrat-Familie aus Madura, aus der auch Trunojoyo stammte, großen Einfluss. Nach dem Tod Pakubuwonos I. folgte in den Jahren 1719 bis 1723 ein weiterer sogenannter Erbfolgekrieg. Sein Sohn Amangkurat IV. bestieg den Thron, konnte sich aber nur durch holländische Unterstützung halten.

Die Spannungen, die sich aufgebaut hatten, entluden sich 1740 in einem Gewaltausbruch. Auslöser war ein Massaker in Batavia. Aufgrund der ökonomischen Entwicklung, nämlich des Rückgangs der Zuckerproduktion wegen der brasilianischen Konkurrenz, wurden viele Chinesen, die im Umland von Batavia lebten, arbeitslos. Viele drängten daher in die Hauptstadt, in der Hoffnung, dort Arbeit zu finden. Die Holländer fürchteten soziale Un-

«Ansicht eines Theils der Stadt Batavia»: Jenseits der Gracht ist die Holländisch-reformierte Hauptkirche zu sehen. Kupferstich aus Bertuchs «Bilderbuch für Kinder», 1809

ruhen und planten, arbeitslose Chinesen in andere holländische Kolonien, vor allem nach Ceylon und Südafrika, zu deportieren. Das löste Unruhen unter den chinesischen Arbeitern aus. Die Holländer fürchteten daraufhin einen allgemeinen Aufstand und begannen mit Zustimmung der VOC-Führung ein Massaker, das bis zu 10 000 Chinesen das Leben kostete. Dieses Massaker schockierte nicht nur Javas Einwohner, sondern auch die Öffentlichkeit im fernen Holland und führte zur Ablösung und Verhaftung des amtierenden Generalgouverneurs Adriaan Valckenier (reg. 1737–1741).

Die geflüchteten Chinesen suchten nun ihrerseits mit Hilfe der Einheimischen die niederländischen Stützpunkte an der Nordküste heim. Die Auseinandersetzungen mündeten in einen allgemeinen Aufstand. Pakubuwono II., seit 1727 durch Hollands Gnaden an der Macht und eigentlich als Vasall der Holländer angesehen, wechselte die Seite und unterstützte den Aufstand. Das wiederum nahm Cakraningrat IV. im Nordosten Javas zum Anlass, die VOC zu unterstützen. In die Ecke gedrängt, wechselte der Herrscher erneut die Seite zu den Holländern, wurde von seinen eigenen Aristokraten abgesetzt und konnte nur mit Hilfe der VOC den Thron wieder besteigen. Cakraningrat IV. seinerseits sah nun nicht nur seine Hoffnung zerstört, selbst Herrscher von Mataram zu werden, sondern musste auch noch zusehen, wie Pakubuwono II. den Holländern vertraglich die Nordküste von Semarang bis Madura abtrat, also sein eigenes Gebiet. Sein Versuch, sich militärisch gegen die Holländer zu stellen, scheiterte. Er wurde gefangen genommen und 1746 nach Südafrika exiliert.

Die VOC erhielt nun neben den bestehenden Privilegien das Münzrecht und das Vorkaufsrecht für alle mataramschen Produkte. Ruhe kehrte deswegen aber nicht ein, sondern der Widerstand hielt sich in verschiedenen Regionen, vor allem im Osten des Landes. Es war allerdings Pakubuwonos II. Politik, die schließlich das Reich zusammenbrechen ließ. Er schloss nämlich 1746 einen Vertrag mit den Holländern, der Mataram quasi zur holländischen Provinz degradierte. Er gab nicht nur den Rest der Nordküste auf, sondern überließ den Holländern fast sämtliche staatlichen Einkünfte, einschließlich Steuern und Zoll, im Tausch gegen eine jährlich zu zahlende Apanage für sich, den Kronprinzen und seinen Hof.

Diese Aufgabe fast sämtlicher Souveränität traf auf den Widerstand der Aristokratie, einschließlich des jüngeren Bruders des Herrschers, des Mangkubumi, der sich den Aufständischen im Osten anschloss. Nach dem Tod Pakubuwonos II. 1749 installierten die Holländer den Kronprinzen im Namen der VOC unter dem Namen Pakubuwono III. zum neuen Herrscher. Der Mangkubumi ließ sich daraufhin in Yogyakarta selbst zum Herrscher küren. Es entbrannte ein langer Bürgerkrieg, der auch den Holländern hohe Verluste brachte. 1754 waren die Kriegsparteien erschöpft und bereit, Frieden zu schließen. Im berühmten Vertrag von Gianti wurde das Reich 1755 in zwei Teile geteilt: Der Mangkubumi wurde Sultan in Yogyakarta und trug fortan den Titel Hamengkubuwono. Pakubuwono III. blieb an seinem Herrschersitz Surakarta, auch Solo genannt. Beide Fürstentümer bestanden bis zum Ende der holländischen Kolonialherrschaft. 1757 wurde noch ein kleines Stück aus dem ehemaligen Mataram herausgetrennt und, um das Land zu befrieden, an einen weiteren ehemaligen Aufrührer gegeben. Dieser herrschte fortan als Mangkunegara I. über ein Territorium, das formal Surakarta unterstand, de facto aber unabhängig war.

Die folgende Zeit war relativ konfliktfrei. Lediglich im Osten existierte weiterhin Balambangan unabhängig von der VOC, obwohl Mataram ihr die Souveränität über das Gebiet übertragen hatte. Inzwischen war Balambangan unter balinesischen Einfluss geraten, und Chinesen und Engländer begannen dort mit wirtschaftlichen Aktivitäten, vor allem der Zuckerproduktion. Zehn Jahre benötigte die VOC, um dieses Gebiet an der Ostspitze Javas 1777 endgültig unter ihre Kontrolle zu bringen.

«Vergaan onder corruptie»: Der Untergang der VOC

Trotz des Ausbaus ihrer Macht im ganzen Archipel, trotz der Beseitigung sämtlicher Konkurrenten und der Marginalisierung oder Absorption der einheimischen Fürstentümer steuerte die Niederländische Ostindien-Kompanie spätestens seit der Mitte des 18. Jahrhunderts auf eine Krise zu, die sie nicht überleben sollte. Die Ausdehnung territorialer Herrschaft im ganzen Archipel und vor allem auf Java manövrierte die VOC in eine Position, die sie nicht mehr beherrschen konnte. Ein Grund waren die enormen Kosten, die sie als Handelsgesellschaft nicht erwirtschaften konnte. Zwar verpflichtete sie die einheimischen Herrscher, für die Kriegskosten der Holländer aufzukommen. Jedoch waren diese dazu meist nicht in der Lage oder nicht bereit. Im Gegenteil, viele einheimische

Fürsten verschuldeten sich und und konnten oft ihre Schulden bei den Holländern nicht zurückzahlen. Dazu kam die grassierende Korruption, die die Kompanie in hohem Maße schädigte. Das Kürzel VOC wurde von Kritikern mit *vergaan onder corruptie* («untergegangen durch Korruption») aufgelöst.

Auf der globalen Ebene kam hinzu, dass die Ostindien-Kompanie keineswegs die Seewege von Asien nach Europa und schon gar nicht die Absatzmärkte beherrschte, sondern in scharfer Konkurrenz zu anderen europäischen Mächten stand, vor allem den Engländern. Dem Vereinigten Königreich war es gelungen, in Europa und der Welt eine dominierende ökonomische und militärische Stellung aufzubauen. Im holländisch-englischen Krieg von 1780 bis 1783 – ausgelöst durch die Unterstützung der Niederlande für den amerikanischen Unabhängigkeitskrieg – fügten die Engländer der VOC auf den Weltmeeren herbe Verluste zu, unter anderem auch durch die Blockade der holländischen Häfen, und trugen so zum Niedergang der Kompanie bei. Diese versuchte, durch Diversifizierung der Produktion neue finanzielle Quellen zu erschließen, vor allem mit dem Anbau von Kaffee, Tee und Zucker, aber auch durch die Zinnproduktion im Raum der südlichen Malakkastraße. Dies konnte die finanziellen Probleme der VOC aber in keiner Weise lösen.

Die revolutionären Umwälzungen in Europa und ihre Auswirkungen auf die Niederlande und die niederländischen kolonialen Gebiete im Besonderen trugen ebenfalls zum Niedergang bei. Die Napoleonischen Kriege, hier vor allem die Besetzung der Niederlande durch Frankreich und die Ausrufung der «Batavischen Republik» 1795, ließen die fernöstlichen Gebiete relativ hilflos zurück. Die Seewege waren nur noch unter großen Schwierigkeiten zu benutzen. Als die Batavische Republik die VOC zum Ende des Jahres 1799 auflöste, hinterließ diese einen gewaltigen Schuldenberg.

Nun übernahm der niederländische Staat die VOC-Gebiete als Kolonie. Eine intensive Debatte darüber, wie Verwaltung und Ökonomie modernisiert und effektiver gestaltet werden könnten, scheiterte an den politischen Gegebenheiten. 1806 löste Napoleon die Batavische Republik auf und gab das Land als Königreich Holland an seinen Bruder Louis. Holland war mitsamt seinen Kolonien Teil der Auseinandersetzung zwischen Napoleon und England. Durch die britische Herrschaft über die Meere war die Kommunikation zwischen der Kolonie und dem Mutterland erheblich gestört. In den Niederlanden befürchtete man einen Angriff der Briten auf Niederländisch-Indien. Die marode indonesische Kolonie musste daher auf den Verteidigungsfall vorbereitet werden; alle Reformen hatten sich dieser Priorität unterzuordnen.

Marschall Herman Willem Daendels (reg. 1808–1811) wurde 1808 mit der Aufgabe betraut, die Kolonie in den Verteidigungszustand zu versetzen. Zu dieser Zeit herrschten die Holländer schon lange nicht mehr über alle von ihnen beanspruchten Gebiete. Aus einigen Regionen hatten sie sich bereits zurückgezogen, vor allem auf Borneo. Andere Außenposten waren von den Briten schon besetzt worden.

Daendels, ein Bewunderer der bürgerlichen Revolution, betrachtete die Einheimischen mit Verachtung. Die Aristokraten, eingeschlossen die Fürsten von Surakarta und Yogyakarta, sah er nicht als Herrscher über ihre Königreiche, nicht als ebenbürtige Verhandlungspartner an, sondern als lokale Befehlsempfänger unter Jurisdiktion der Kolonialverwaltung. Seine Bestrebungen, die Kolonie verteidigungsbereit zu machen, konzentrierten sich stark auf die Aushebung einheimischer Hilfstruppen und den Ausbau der Infrastruktur. Zu Letzterem zählten der Bau der ersten Straße längs durch Java und die Errichtung von Verteidigungsanlagen. Beides war mit Zwangsarbeit und großer Mühsal für die einheimische Bevölkerung verbunden. Daendels gilt heute noch in der indonesischen Geschichtsschreibung als einer der rücksichtslosesten, brutalsten Kolonialbeamten. Er wurde 1811, also nach drei Jahren, wieder abgelöst. Danach dauerte es nur noch drei Monate bis zum englischen Angriff.

Sultan Hameng-kubuwono VI. von Yogyakarta, um 1860

Das englische Intermezzo

Unter Thomas Stamford Raffles griffen die Engländer Java an, um der französischen Expansion zuvorzukommen. Nach sechs Wochen, am 18. September 1811, musste die Kolonie kapitulieren. Keiner der entfremdeten und desillusionierten einheimischen Fürsten war bereit, für seinen Unterdrücker einzutreten.

Aber auch für Raffles spielten die Belange der einheimischen Fürsten keine Rolle. Er setzte ehrgeizig den von Daendels begonnenen Modernisierungsprozess fort, der die Grundlagen für die spätere Entwicklung einer «modernen» Kolonie legte. Anstatt die Position der lokalen Herrscher wieder zu stärken, reduzierte er sie weiter auf eine Funktion innerhalb der kolonialen Verwaltung. Als Yogyakartas Sultan sich dagegen sträubte, wurde er durch eine militärische Expedition 1812 in seine Schranken gewiesen. Sein Palast, der Kraton, wurde gestürmt und von britischen Soldaten geplündert.

Die Kolonialmacht betrachtete den javanischen Grund und Boden von nun an als etwas, über das sie weitgehend verfügen konnte – ohne Rücksichtnahme auf die Fürsten. Auf dieser Basis wurde die Grundrente als neues Steuersystem eingeführt. In der Praxis war sie aber nur schwer durchsetzbar; unklare Besitzverhältnisse und mangelnde Kontrollmöglichkeiten verhinderten die angestrebte Effizienz. Insgesamt wurde die Verwaltung aber modernisiert. Bemerkenswert ist die Systematik, mit der Raffles vorging. So nahm er als Erster ernsthaft die wissenschaftliche Erforschung des Archipels in Angriff. Aus seiner Zeit stammen die ersten Beschreibungen und Untersuchungen zum Borobudur und Prambanan; außerdem sammelte er systematisch einheimische Manuskripte und legte damit den Grundstein für eine malaiische und javanische Philologie.

Raffles konnte die begonnenen Ansätze nicht weiterverfolgen, da die englische Regierung aus geopolitischen Gründen die Kolonie an die Niederlande zurückgab, die man als Verbündete auf dem europäischen Kontinent haben wollte. Außerdem sah man in einer Übernahme Niederländisch-Indiens eher eine Überdehnung des britischen Kolonialreiches als einen praktischen Nutzen. Die Übergabe erfolgte 1816 durch seinen Nachfolger John Fendall. Raffles war immer für ein dauerhaftes britisches Engagement im insularen Südostasien eingetreten. Daher war es nur konsequent, als er mit Unterstützung seiner Vorgesetzten 1819 die Stadt Singapur gründete. Diese Gründung war zwar nicht als Beginn einer kolonialen Expansion gedacht, sondern als Etablierung eines Handelsstützpunkts auf dem Weg nach China. Von den Holländern, die sich gerade erst wieder in der Region etablierten, wurde dies indes als Affront und Vordringen in ihren Einflussbereich wahrgenommen. Eigentlich hatte die Insel Singapur zu ihrem Interessengebiet gehört, da sie Teil des Sultanats Riau war, auf das wiederum die Holländer Ansprüche erhoben.

Die Irritationen zwischen beiden Ländern führten schließlich zum Londoner Vertrag von 1824, der die Interessensphären beider Kolonialmächte voneinander trennen sollte. Gleichzeitig diente er als Signal für potenzielle andere Kolonialmächte. England verpflichtete sich unter anderem, keine Besitzungen südlich der Malakkastraße anzustreben. Das englische Bengkulu wurde gegen das holländische Malakka getauscht. Das Sultanat Aceh in Nordsumatra sollte von beiden Seiten respektiert werden. Durch diese koloniale Grenzziehung wurden Gebiete getrennt, die vorher zusammengehörten, zum Beispiel Johor und Riau. Aber auch die Malakkastraße war nun kein verbindendes Element mehr zwischen ihren Küsten, sondern ein trennendes. Die Malaiische Halbinsel lag seit dieser Zeit außerhalb der Reichweite der Niederlande, und die Briten konnten dort ungestört von anderen europäischen Ansprüchen agieren.

Aufstände und Kriege auf Java und Sumatra

Bei ihrer Rückkehr nach Indonesien standen die Niederländer vor großen Problemen. Dies betraf zum einen den Aufbau einer kolonialen Verwaltung, für die anfangs schlicht kein geeignetes Personal vorhanden war. Zum anderen mussten sie die Kolonie neu ordnen und die unterschiedlichen Regionen wieder unter die feste Kontrolle Batavias bringen. Einige Regionen probten gar den Aufstand.

Zu den bekannteren Fällen zählten der Aufstand auf **Ambon** in den Molukken unter Pattimura und der Widerstand des Sultanats Palembang in Südsumatra. Pattimuras Aufstand war kurzlebig: Nachdem er den dortigen Residenten samt seiner Familie ermordet hatte, schickte Batavia ein Expeditionskorps, das den Aufstand schnell niederschlug. Pattimura wurde 1817 gehängt. Seit dieser Zeit war Ambon wieder befriedet, und seine Einwohner zählten in der Folgezeit zu den treuesten Untertanen. Neben Manado in Nordsulawesi stellte Ambon für den Rest der Kolonialzeit einen erheblichen Teil der einheimischen Soldaten der Kolonialarmee.

Die Unterwerfung **Palembangs** erwies sich als schwieriger. Mehrere Versuche der Holländer, nach militärischen Expeditionen einen ihnen genehmen Herrscher einzusetzen, schlugen fehl. Der letzte Sultan, Ahmad Najamuddin, wurde schließlich 1825 abgesetzt und ins Exil geschickt, das Sultanat nun direkt verwaltet. Es war der erste Schritt auf dem Weg zur Annexion ganz Sumatras. Palembang war für die Holländer wirtschaftlich wichtig, da auf den vorgelagerten Inseln Bangka und Belitung Zinn gefördert wurde, auf das sie nun direkten Zugriff hatten.

Auf **Java** suchten die Holländer intensiv nach Möglichkeiten, den wirtschaftlichen Nutzen zu maximieren, und experimentierten mit verschiedenen Methoden. Eine davon war die Verpachtung von Ländereien an Europäer und Chinesen durch die Aristokratie. Im Ergebnis mussten die Bauern marktgängige Produkte anbauen, die zu niedrigen Preisen aufgekauft oder schlicht abgegriffen wurden. Statt Reis wurden nun Kaffee, Indigo, Baumwolle und Zuckerrohr kultiviert. Die Folge waren Hunger und Verelendung der einheimischen Bevölkerung. Als die Kolonialmacht das System wieder rückgängig machte, wurden die Aristokraten verpflichtet, die erhaltene Pacht zurückzuzahlen, was sie nicht konnten, da das Geld bereits ausgegeben war. Der Kolonialverwaltung waren die Belange der Javaner, egal ob Bauern oder Aristokraten, ziemlich gleichgültig. Es bedurfte daher nur noch eines Funkens, um einen allgemeinen Aufstand auflodern zu lassen.

Der Java-Aufstand brach 1825 aus, dauerte fünf lange Jahre und konnte nur mit enormem militärischem und finanziellem Aufwand niedergeschlagen werden. Die genaue Zahl der Opfer ist unbekannt, Schätzungen reichen bis zu 250 000 Menschen. Weite Teile des Landes waren verwüstet. Der Widerstandswille der Bevölkerung war unerwartet stark. Ihr Anführer Diponegoro, ein Fürst aus Yogyakarta, wurde von seinen Anhängern als millenaristische Lichtgestalt angesehen und konnte daher auf die Unterstützung breiter Bevölkerungsteile rechnen. Dies und eine unkonventionelle Kriegsführung erschwerten den Niederländern die Niederschlagung des Aufstands. Diponegoros Verklärung speiste sich sowohl aus traditionell javanischen (Ratu Adil = gerechter Herrscher) wie auch islamischen (Mahdi-Idee) Quellen. Aber er konnte den Krieg gegen die viel besser ausgerüsteten Holländer nicht gewinnen. Der Java-Aufstand hat sich tief in das nationale Gedächtnis der Indonesier eingebrannt. Diponegoro ist heute einer ihrer bedeutendsten Nationalhelden. Es war der letzte größere Feldzug der Holländer auf Java.

Die folgenden Kriege wurden alle auf den Außeninseln ausgetragen. Bis zum Ende des 19. Jahrhunderts nahm das niederländische Kolonialreich schließlich die Form an, in der es dann 1945 seine Unabhängigkeit erreichte. Die Kriege folgten einer dreifachen Dynamik. Zum einen ergaben sie sich aus der Logik des imperialistischen Zeitalters. Die Aufteilung der Welt unter den Kolonialmächten und vor allem das Streben «junger» Kolonialmächte nach Territorien machten es notwendig, die bestehenden Ansprüche abzusichern und zu verteidigen. Zum zweiten erforderte die Entwicklung einer modernen Kolonialwirtschaft den Zugang zu denjenigen Regionen, die dafür geeignet oder gar unabdingbar waren. Zum dritten erwuchs eine Bedrohung aus der zunehmenden Globalisierung, denn der Widerstand gegen den Kolonialismus definierte sich nicht mehr nur lokal. Der zunehmend international auftretende Pan-Islamismus konnte fundamentalistisch-wahhabitisch inspiriert sein oder auch unter den Vorzeichen eines Universalanspruchs des Osmanischen Kalifats stehen.

Bemerkenswerterweise war der erste größere Kolonialkrieg auf

Prinz Diponegoro (1785–1855), der Anführer des Java-Aufstandes von 1825–1830. Zeichnung von F. V. A. De Stuers, 1830

Sumatra im 19. Jahrhundert, abgesehen vom Palembang-Feldzug, unter eben diesem Gesichtspunkt des Pan-Islamismus zu sehen. In Westsumatra hatte sich gegen Ende des 18. Jahrhunderts, während der Abwesenheit der Holländer von Padang, eine instabile politische und ökonomische Situation herausgebildet. Traditionell waren die dort lebenden Minangkabau Muslime, aber gleichzeitig eine matrilinear organisierte Gesellschaft. Die Macht lag in den Händen der Clanführer, und ein ideeller Raja stand an der Spitze der gesamten Gesellschaft. Dieses System wurde von rückkehrenden Mekkapilgern infrage gestellt, die von wahhabitischen Ideen beeinflusst waren. Ihre Ideen fanden zuerst vor allem an der Küste und unter

Händlern Resonanz. Langsam konnten sie auch im Hochland, dem eigentlichen Kernsiedlungsgebiet der Minangkabau, ihren Einfluss immer mehr ausweiten. 1803 kam es schließlich zum Krieg zwischen der traditionellen Adatpartei und den Neuerern, die *Padri* genannt wurden. In den folgenden Jahren konnten die Padris ihren Einfluss auf den größten Teil Westsumatras ausdehnen und die Königsfamilie weitgehend liquidieren. Sie drangen bis in den Süden Nordsumatras vor, wo sie die dortigen animistischen Batak zwangen, zum Islam überzutreten.

Als die Holländer 1819 nach Westsumatra zurückkehrten, war ein Einvernehmen mit den fundamentalistischen Padris ausgeschlossen. Daher war es nur konsequent, dass sie sich 1821 mit der Adatpartei verbündeten und auf deren Seite in den Krieg eingriffen. Als Ausgleich erhielten sie weitgehende Souveränitätsrechte zugesprochen. Der Krieg zog sich sehr lange hin. Von 1825 bis 1830 waren die holländischen Kräfte ohnehin im Javakrieg gebunden. 1832 war aber dann der größte Teil des Hochlandes unter holländischer Kontrolle, und 1837 wurde der letzte Widerstand gebrochen, als die Holländer den Padri-Anführer Imam Bonjol gefangen nahmen und ins Exil nach Manado schickten.

Durch die intensive Präsenz der Holländer in Westsumatra und den frühen Aufbau einer kolonialen Infrastruktur wurden die Minangkabau schnell in das koloniale System integriert. Da sie außerdem traditionell häufig für eine begrenzte Zeit in andere Regionen migrierten, stellten sie bald eine Elite, die später auch in anderen Regionen Sumatras wichtige Funktionen in Verwaltung und Bildungswesen übernahm.

An der Ostküste Sumatras dehnte Holland seine Macht sukzessive immer weiter nach Norden aus: 1834 auf Jambi, 1838 Indragiri, 1858 Siak, 1865 Asahan und weitere kleine Fürstentümer. Siak wurde nach einer Übergangszeit 1888 mit den nördlicher gelegenen kleinen Fürstentümern zur *Residentie Oostkust van Sumatra* zusammengefasst. Teile dieser Region wurden entweder unter direkte Verwaltung gestellt, oder es wurden Sultane eingesetzt, die auf ihren

Territorien den Holländern bereitwillig das benötigte Land zur Verfügung stellten. Die Ostküste wurde in der Folgezeit eine der produktivsten Regionen Niederländisch-Indiens, da sich hier die Plantagenwirtschaft konzentrierte. An der Westküste hatten die Holländer 1832 bereits die südlichen Batakländer der Angkola und Mandailing in Besitz genommen. 1839 folgte Barus und 1840 Singkil. Damit waren die Holländer an beiden Küsten an den Grenzen des Sultanats Aceh angekommen – ein Konflikt war danach nur noch eine Frage der Zeit.

Sumatra befand sich in dieser Phase klar im Zentrum holländischer Aufmerksamkeit. Dies lag einmal an seiner wirtschaftlichen Bedeutung (siehe unten), andererseits war Sumatra aus eben diesem Grund im ausgehenden 18. und beginnenden 19. Jahrhundert das Ziel «fremder», vor allem amerikanischer Schiffe, deren Besatzung vorrangig am Pfefferhandel interessiert war. Es ging also auch um die Sicherung dieser Gebiete und das Fernhalten von Konkurrenten.

Expansion auf Borneo und im östlichen Archipel

Borneo stand an zweiter Stelle der Prioritäten. Seit dem Ende der VOC-Zeit hatte es keine holländische Präsenz mehr an den Küsten Borneos gegeben. Nach der Rückgabe der Kolonie durch die Briten beeilten sich die Holländer daher, Gesandtschaften nach Borneo zu schicken, um alte Verträge zu erneuern. Danach konzentrierten sie sich vorerst aber wieder auf andere Regionen, vor allem Java.

Mit **Pontianak** an der Westküste Borneos hatten die Holländer keine Probleme. Der Sultan, der sich schon während des Interregnums der Briten diesen gegenüber kooperativ gezeigt hatte, übertrug dies ohne Zögern auf die Niederländer. Pontianak sorgte somit als ihr Verbündeter dafür, dass die anderen Fürstentümer in Schach gehalten wurden. Das betraf in erster Linie Sambas, das sich immer distanziert verhalten hatte.

Westborneo gewann im Laufe der Zeit wesentlich an Bedeutung. Dafür gab es zwei Gründe. Zum einen setzten sich in Nordborneo die Engländer in Person des weißen Raja James Brooke fest. Dieser war dem Sultan von Brunei behilflich gewesen, eine Rebellion in der Region Kuching im heutigen Sarawak niederzuschlagen. Dafür erhielt er 1841 **Kuching** als Lehen, das sich aber unter ihm und seinen Nachfolgern zu einem eigenen Fürstentum entwickelte. Es agierte zunehmend unabhängig vom Sultan, und James Brooke und seine Nachfolger dehnten es ständig auf Kosten Bruneis aus, bis von Brunei nur noch ein Reststaat übrig blieb. Die Niederländer sahen das mit Sorge, da der Status von Borneo im Londoner Vertrag nicht geregelt war und sie daher Übergriffe auf ihre Kolonie fürchteten. Eine eigene abschreckende Präsenz in Westborneo schien also dringend geboten.

Der zweite Faktor war die chinesische Minderheit. In der zweiten Hälfte des 18. Jahrhunderts hatten die Sultane von **Sambas**, wie erwähnt, Chinesen als Bergleute ins Land gerufen, um die neu entdeckten Goldvorkommen abzubauen. Bis Anfang des 19. Jahrhunderts sollen es bereits mehr als 40 000 gewesen sein. Sie lebten separiert, heirateten einheimische Frauen der Dayakstämme und organisierten sich in clanbasierten *Kongsis*. Sie verselbständigten sich immer mehr und sahen sich schließlich keiner Autorität mehr untergeordnet. Es wurden sogar Stimmen laut, die einen Anschluss an das chinesische Kaiserreich forderten. Sie ignorierten die einheimischen Fürsten und hatten ihr eigenes Finanz- und Rechtssystem. Über ihren eigenen Hafen Singkawang betrieben sie auch noch Schmuggel mit Singapur.

Dieser Zustand war weder für die einheimischen Fürsten noch für die Holländer tragbar, da er ihre Position in der Region direkt tangierte. Schon 1818 baten die Sultane von Sambas und Pontianak die Holländer um Hilfe. Die geringen Kräfte, die Batavia schickte, konnten allerdings wenig ausrichten. Und während des Javakrieges wurden gar keine Ressourcen mehr für Westborneo zur Verfügung gestellt. In den dreißiger Jahren verschärfte sich die Situation. Da das Gold zur Neige ging, wurde die Konkurrenz unter den drei Kongsis immer schärfer. Außerdem ging der stärkste Clanverbund, die Tai Kong, 1850 direkt gegen Sambas vor, um die Holländer von dort zu vertreiben. Das Ergebnis war ein Patt. Der holländische Resident in Sambas, Willer, handelte einen Ausgleich der Parteien aus. Das wurde aber in Batavia abgelehnt, denn man wollte die völlige Unterwerfung. Der Resident wurde durch einen Hardliner ersetzt, und 1853 erklärten die Holländer allen drei Kongsis den Krieg. Diese wurden 1854 entscheidend geschlagen und unter direkte Kontrolle und Verwaltung gestellt. Dies wiederum gefiel dem Sultan von Sambas nicht, da damit seine eigene Souveränität beschnitten wurde. Die Holländer nahmen dies zum Anlass, den Sultan der Kollaboration mit den Chinesen zu beschuldigen, ihn kurzerhand abzusetzen und das Sultanat aufzulösen. Zur Mitte des 19. Jahrhunderts hatten sich die Holländer endgültig in Westborneo etabliert und auch im Innern, am Flusslauf des Kapuas, Stationen errichtet.

Mit **Banjarmasin** in Südborneo hatte die Kolonialregierung ebenfalls Probleme. Das Schicksal des Sultanats wurde in den folgenden Jahrzehnten von den dort entdeckten Kohlevorkommen bestimmt. Kohle war rar in Südostasien, wurde aber immer wichtiger durch das Aufkommen der Dampfschifffahrt und der maschinenbetriebenen Zuckerindustrie auf Java. Zwar gelang es den Holländern 1846, erste Lizenzverträge abzuschließen. Das reichte ihnen aber nicht, sie wollten die direkte Kontrolle in Banjarmasin. Eine Gelegenheit bot sich 1852, als der dortige Thronfolger starb und Nachfolgestreitigkeiten ausbrachen. Es kam zu jahrelangen Intrigen und wechselnden Allianzen. Die Situation verschärfte sich 1857, als ein Mitglied des Königshauses, Antasari, rebellierte. Nachdem die Holländer mit keinem der verbliebenen Prätendenten einig wurden, erklärten sie, ähnlich wie im Fall von Sambas, das Sultanat 1860 für erloschen und nahmen das Territorium unter ihre direkte Verwaltung. Im Inneren ging die Rebellion aber weiter. Nachdem Antasari 1863 starb, ging die Führung des Widerstandes erst an seinen Sohn, später an andere über. Der letzte Widerstand konnte erst 1905 gebrochen werden. Damit zählte der Kleinkrieg in Banjarmasin zu den langwierigsten militärischen Auseinandersetzungen in der holländischen Kolonialgeschichte.

In Ostborneo waren es nicht die einheimischen Herrscher, die den Holländern Kopfzerbrechen bereiteten, sondern Eindringlinge von außen. Nachdem ein halbes Jahrhundert Ruhe geherrscht hatte, tauchte 1844 der britische Abenteurer Erskine Murray in **Kutai** auf mit dem Ansinnen, zu handeln und einen festen Stützpunkt zu errichten. Das wurde ihm vom Sultan verwehrt, und es kam sogar zu einem Kampf, in dessen Verlauf die Eindringlinge vertrieben wurden und Murray starb. Die potenzielle englische Bedrohung aus dem Norden der Insel wurde den Holländern aber nun bewusst. Zwar erkannten danach alle Fürsten die Souveränität Hollands an. Das hinderte zwei von ihnen aber nicht daran, erneut in Kontakt zu den Briten zu treten und mit ihnen Freundschaftsverträge abzuschließen. In der Folge errichtete die Kolonialverwaltung eine permanente Repräsentanz in Kutai, um weiteren Übertretungen vorzubeugen. Ostborneo wurde verwaltungsmäßig Südborneo angegliedert.

Im **östlichen Archipel** ging die Ausweitung holländischer Herrschaft langsamer voran. Neben der Verwaltung der Regionen, die ohnehin schon in ihrer Hand waren – Teile Sulawesis, der Molukken und der Umgebung von Timor –, unternahmen die Niederländer vorläufig wenig Anstrengungen, ihren Einfluss auszuweiten. Der Widerstand des buginesischen Königreichs **Bone** in Südsulawesi wurde 1838 schnell unterdrückt, und der Herrscher erkannte die holländische Oberherrschaft an.

Eine Ausnahme in dieser Periode war **Bali**. Die balinesischen Fürstentümer waren sehr zögerlich, Verträge mit den Holländern einzugehen, weil sie sehr auf ihre Unabhängigkeit bedacht waren. Da die Holländer aber auch hier die Gefahr einer auswärtigen Einmischung sahen, drängten sie einigen balinesischen Fürstentümern Verträge auf, die die äußere Souveränität der Niederlande anerkannten. Dies hatte zwar keine unmittelbaren Auswirkungen, signalisierte aber anderen Mächten die holländischen Ansprüche und war die Basis für spätere weitergehende Forderungen seitens der Holländer.

Dies wurde sehr schnell Realität, als die Holländer von den balinesischen Fürstentümern verlangten, Verträge zu unterzeichnen, die die chronische Piraterie an den balinesischen Küsten beenden sollten. Die Rajas von Buleleng an der Nordküste und Karangasem an der Nordostküste Balis weigerten sich und rüsteten für eine militärische Auseinandersetzung. Die Holländer kamen ihnen zuvor und griffen 1845 Buleleng erfolgreich an. Eine zweite Attacke 1848 gegen andere Fürstentümer war aber ein Fehlschlag. Erst ein dritter Feldzug brachte Erfolge im Norden und Westen, nicht aber im Süden. Dieses Patt blieb im Prinzip bis 1882 bestehen. Eine interne Rebellion in Buleleng nahmen die Holländer allerdings zum Anlass, das Fürstentum unter direktere Administration zu stellen, außerdem auch Jembrana im Westen. Die anderen balinesischen Fürstentümer blieben weiterhin erst einmal unangetastet.

Auf **Neuguinea** wurden Ansprüche formuliert. So hatte das Sultanat Tidore und damit auch sein Suzerän Holland Rechte über Teile des sogenannten Vogelkopfes. Umfassende Ansprüche formulierten die Niederlande dann 1828 für alle Gebiete der Südküste westlich des 141. Längengrades und dehnten diesen Anspruch 1848 auf die Nordküste aus. Einen permanenten Stützpunkt errichteten sie bis zum Ende des Jahrhunderts aber nicht.

Die Kolonie als Rohstofflieferant

Verwaltungsmäßig baute das neue holländische Kolonialregime auf den Veränderungen seit dem Untergang der VOC auf. Dazu zählte ganz wesentlich die weitgehende Entrechtung der javanischen Fürsten in den Gebieten unter direkter holländischer Kontrolle. Vor allem war es den Fürsten ein für allemal untersagt, eigene Streitkräfte zu unterhalten. Die Kolonialverwaltung regierte bis hinunter auf die Dorfebene, wenn auch in der Regel über javanische Mittelsmänner. Im Zentrum stand die Produktivität der Kolonie. Dafür mussten Landwirtschaft und Handel nach Möglichkeit gefördert werden. Erste Experimente mit Freihandel waren für die Holländer wenig befriedigend; sie waren der Konkurrenz schlicht nicht gewachsen. Außerdem ging es in erster Linie um die Füllung der Staatskasse. Belgien hatte nämlich 1830 in einem Sezessionskrieg seine Unabhängigkeit von den Niederlanden wiedererlangt, nachdem es nach dem Wiener Kongress mit ihnen zusammengeschlossen worden war. Die Kriegskosten waren für den niederländischen Staat enorm gewesen und mussten wieder erwirtschaftet werden. Sinnigerweise unterstand die Kolonie dem König und nicht dem Parlament, das somit keinen direkten Einfluss auf die Entwicklung Niederländisch-Indiens ausüben konnte.

Das Wiederaufleben merkantilistischer Prinzipien hatte massive Folgen für die Einheimischen. Deutlichster Ausdruck war die Einführung des *cultuur stelsel* im Jahr 1830 – so wurde das Zwangsanbausystem bezeichnet, das die intensivste Ausbeutungsphase der holländischen Kolonialgeschichte kennzeichnete. Darin gab es für die Bauern feste Vorgaben, was sie auf welchem Anteil ihres Landes zu welchen Preisen zu produzieren hatten. So wollten die Holländer mengengerecht und zu konkurrenzlosen Preisen gängige Produkte für den Weltmarkt produzieren: Zucker, Tabak, Indigo, Kaffee, Tee und weitere landwirtschaftliche Güter. Das System wurde durch einheimische Agenten realisiert. Die Regenten waren für den «ordentlichen» Ablauf verantwortlich; ihnen stand ein Heer von Beamten zur Eintreibung der Produkte zur Verfügung. Alle drei Ebenen – Regenten, Beamte und Hilfskräfte – wurden mit Prämien belohnt. Es liegt auf der Hand, dass das ihren Eifer beträchtlich steigerte und dass sie nebenbei noch in die eigene Tasche wirtschafteten, mit zusätzlichen Forderungen an die Bauern. Teilweise konnten die Naturalien bei Bedarf auch mit Arbeit abgegolten werden, zum Beispiel in den Zuckerfabriken. Daneben gab es auch noch

Zwangsarbeit in öffentlichen Projekten, zu der im Prinzip jeder bis zu einem gewissen Grad herangezogen werden konnte.

Die Vermarktung nach außen oblag ab 1830 der quasi-staatlichen Niederländischen Handelsgesellschaft *(Nederlandsche Handelmaatschappij)*, die praktisch über ein Monopol verfügte, auch was den Transport betraf.

Obwohl das System extensiver staatlicher Regelung bis zur Mitte des Jahrhunderts durchaus zufriedenstellend funktionierte und große Profite abwarf, wurde es doch immer mehr zu einem Anachronismus, der die Entwicklung einer modernen Ökonomie behinderte. In den Niederlanden selbst wurde die Kritik von liberaler Seite immer hörbarer und setzte einen Diskussionsprozess in Gang, an dessen Ende das Zwangsanbausystem verschwand. Bis dahin war es aber noch ein weiter Weg. Im 19. Jahrhundert entwickelten sich die Produktivkräfte in Europa in hohem Tempo. Es war das Zeitalter der Industrialisierung. Die Eröffnung des Suezkanals 1869 und das Aufkommen der Dampfschifffahrt revolutionierten den Verkehr auf den Weltmeeren. 1862 wurde die erste Eisenbahnlinie auf Java in Angriff genommen.

Die Agrarwirtschaft auf Java erwies sich für einige Produkte als zu klein. Zudem war es für Privatkapital enorm schwierig, in den kolonialen Markt einzudringen. Ab Mitte des 19. Jahrhunderts geriet zudem das Zwangsanbausystem in Indonesien immer mehr unter Druck, allerdings kam der Druck nicht von innen, sondern aus dem Mutterland. Nach Reformen im politischen System der Niederlande 1848 war der Kolonialminister nun verpflichtet, jedes Jahr einen Kolonialbericht vorzulegen, was die öffentliche Kontrolle über die Zustände in der Kolonie verbessern sollte. Aber erst ab 1867 sah das Haushaltsgesetz eine Abstimmung des Parlaments über das Kolonialbudget vor.

Die holländische Kolonialverwaltung in Niederländisch-Indien blieb indes erzkonservativ. Alle Veränderungen waren wesentlich von außen induziert. So waren die Niederlande 1860 eine der letzten Kolonialmächte, die die Sklaverei abschafften, und das Zwangsanbausystem wurde nicht ad hoc abgeschafft. Den liberalen Gegnern ging es auch nicht primär um die Arbeitsbedingungen der Menschen, sondern um eine effektivere Wirtschaftsform. Manche merkantilistischen Elemente blieben auch auf Dauer erhalten, so die erwähnte *Nederlandsche Handelmaatschappij.*

Für manche agrarischen Produkte war das alte System nicht mehr produktiv genug. Diese Produkte wurden als erste aus dem Zwangsanbausystem herausgenommen: 1862 Pfeffer, 1864 Nelken und Muskat (in diesem Fall wirklich eine Zeitenwende), 1865 Tee, Zimt und Indigo, 1866 Tabak. Am profitabelsten waren Zucker und Kaffee. Für Zucker gab es ein gesondertes Gesetz, das eine Beendigung des Zwangsanbaus vorsah, und zwar im Verlauf von zwölf Jahren, beginnend 1878. Der Zwangsanbau von Kaffee hörte in Pariangan in Westjava, wo er begonnen hatte, erst 1917 auf, und in einigen Gegenden der Nordküste erst 1919. Die Aufweichung des Zwangsanbausystems und die Herausnahme von immer mehr Produkten aus diesem System, verbunden mit einer Öffnung der kolonialinternen Marktwirtschaft für diese Erzeugnisse, hatte eine deutliche Liberalisierung zur Folge. Diese Öffnung, das Eindringen auswärtigen Kapitals nach Niederländisch-Indien und ein rapider Anstieg wirtschaftlicher Aktivitäten waren kennzeichnend für die sogenannte «Liberale Periode» von 1870 bis 1900.

Das Agrargesetz von 1870 öffnete Java für das private Unternehmertum. Zwar war Grundbesitz den Einheimischen vorbehalten, Land konnte aber gepachtet werden. Die Folgen waren klar ersichtlich. 1860 waren die Exporte aus staatlicher und privater Produktion noch etwa gleich. 1885 betrugen die privaten Ausfuhren schon das Zehnfache der staatlichen. Pflanzenkrankheiten bei Kaffee und Zuckerrohr verursachten zwar in den 1870er und 1880er Jahren einen Einbruch. Die zahlreichen Pleiten führten aber eher zu einer Konzentration des Kapitals im Bankensektor. Die Hauptlast der Krise hatten die javanischen Bauern und Landarbeiter zu tragen, einmal, weil ihnen die Einkünfte wegbrachen, zum anderen, weil die holländischen Unternehmen und Banken ihre Löhne drückten.

Viele Einheimische verarmten und waren gezwungen, sich an Geldverleiher zu wenden, um zu überleben oder die Steuern bezahlen zu können. Dafür wurde nicht selten Grund und Boden verpfändet, über den dann bei Nichtbedienung der Schulden die Geldverleiher – oft Chinesen oder Arabischstämmige – verfügen konnten.

Eine Modernisierung des Bodenrechts und damit der kolonialen Wirtschaft erwies sich als kompliziert und langwierig, da privater Bodenbesitz der Bauern in den traditionellen Sozialstrukturen eigentlich nicht vorgesehen war. Auf den sogenannten freien Ländereien war das kein großes Problem. Vor allem auf Sumatra genügte es, vom lokalen Herrscher eine Lizenz zur Bodennutzung zu erhalten und die entsprechenden Ländereien zu roden. So wurden vor allem an der Ostküste Sumatras riesige Plantagen – v. a. für Tabak, Kautschuk und später auch Ölpalmen – angelegt, die teilweise von großen Konzernen bewirtschaftet wurden. Die sozialen Auswirkungen waren beträchtlich. Da vor Ort kaum Arbeitskräfte zur Verfügung standen, wurden sie importiert, zuerst aus Java, dann auch aus China. Es waren Kontraktarbeiter, die sich für eine bestimmte Periode zur Arbeit auf den Plantagen verpflichteten. Waren sie dort erst einmal angekommen, wurden sie einem harschen Regime unterworfen, das Unbotmäßigkeiten auch mit der Prügelstrafe ahndete. Auf diese Weise bildete sich eine Lohnarbeiterschicht heraus, die in der malaiisch dörflichen Umgebung wie ein Fremdkörper war. Der Anteil der chinesischen Bevölkerung in der Kolonie erhöhte sich dadurch beträchtlich, wobei sich eine Dichotomie zwischen alteingesessenen und neu eingewanderten Chinesen herausbildete, die sich auf kulturellem und sozialem Gebiet deutlich bemerkbar machte.

Die großflächige Plantagenwirtschaft lockte zahlreiche private Kapitalgesellschaften ins Land. Dies betraf noch mehr die Ausbeutung von Bodenschätzen, darunter vor allem Kohle, Zinn und später auch Erdöl. Die daraus erwirtschafteten Steuern übertrafen 1887 erstmals die Profite aus dem Zwangsanbau. Niederländisch-Indien war zu einer wichtigen Rohstoffbasis für die Weltwirtschaft geworden. Verarbeitende Industrie gab es dagegen kaum.

Die demographischen Veränderungen betrafen nicht nur die Zuwanderung von chinesischen Kontraktkulis und die Migration von Arbeitskräften von Java nach Ostsumatra. Darüber hinaus wanderten nun viele Europäer ein, einmal als Fachkräfte, dann aber auch, um die wachsende Verwaltung in allen Bereichen abzusichern. Ihre Zahl stieg von gut 17 000 1852 auf mehr als 62 000, darunter auch zunehmend Frauen, im Jahr 1900. Damit bildete sich eine Schicht von in der Kolonie geborenen Europäern heraus, die dauerhafter Bestandteil der kolonialen Gesellschaft wurden.

Das Trauma des Aceh-Kriegs

Im späten 19. Jahrhundert gab es auf Sumatra nur noch zwei größere Gebiete, die nicht unter der Kontrolle der Holländer standen: die Bataklânder in Nordsumatra und Aceh an der Nordspitze Sumatras. Aceh war nur noch ein Schatten seiner einstmaligen Größe, hatte aber seine Unabhängigkeit bewahren können. Zum einen war es relativ weit von Batavia entfernt, und die Kolonialmacht brauchte ihre Zeit, um sich an den Küsten Sumatras in Richtung Aceh vorzuarbeiten. Zum anderen lag es an dem Interessenausgleich zwischen Großbritannien und den Niederlanden, die sich darauf geeinigt hatten, Aceh nicht ihrem jeweiligen Einflussgebiet einzugliedern. Die Situation hatte sich bis in die zweite Hälfte des 19. Jahrhunderts allerdings geändert. Einerseits wurden nun die «Reste» der Welt zwischen den Kolonialmächten aufgeteilt; für unabhängige Regionen blieb dabei kein Platz. Zum anderen – und damit zusammenhängend – fürchteten die Holländer das Eindringen anderer Mächte. Das war durchaus nicht unberechtigt, denn immer wieder tauchten Schiffe verschiedener Nationen vor den Küsten Acehs auf. Der acehische Sultan wiederum sah sich durch das wachsende Misstrauen und den zunehmenden Druck Hollands ge-

Eine Artilleriekompanie im Aceh-Krieg, um 1874

nötigt, nach auswärtigen Bündnispartnern Ausschau zu halten. Dazu zählte unter anderem der osmanische Kalif, der sich als Beschützer und Souverän über alle Muslime sah.

Da Großbritannien zu diesem Zeitpunkt bereits keine Bedenken mehr gegen Hollands Souveränität über Aceh hatte und dies im sogenannten Sumatra-Vertrag von 1871 auch schriftlich bestätigt hatte, waren die Niederländer in der Lage, ihre Integrationspläne gegenüber Aceh in die Tat umzusetzen. Der Vorwand war ein Territorialstreit, in dem sie Ansprüche auf acehisches Grenzgebiet erhoben. Sie setzten dem Sultan ein Ultimatum, die niederländischen Ansprüche anzuerkennen, was jener ablehnte. Damit war der *casus belli* gegeben. Am 8. April 1873 landeten die Holländer mit 2000 Mann und Artillerie bei Kuta Radja, der Hauptstadt des Sultanats. Das Ergebnis war ein Desaster. Nach gut einer Woche mussten sie nach schweren Verlusten – auch ihr Oberbefehlshaber kam ums Leben – wieder abziehen. Noch im selben Jahr kehrten sie mit der größten

Streitmacht, die sie je in ihren Kolonialkriegen aufgestellt hatten, nach Aceh zurück und setzten sich dauerhaft dort fest. Damit begann einer der blutigsten von Hollands Kolonialkriegen, der nach vorsichtigen Schätzungen auf acehischer Seite 50 000 bis 60 000 Todesopfer forderte. Er war geprägt durch neue Kriegstaktiken. Dazu gehörte der Krieg gegen Zivilisten ebenso wie die Taktik der verbrannten Erde. Offiziell wurde er erst 1903 beendet. Bemerkenswert ist hier die Rolle von Christiaan Snouck Hurgronje, einem niederländischen Orientalisten, der als *counter-insurgency*-Spezialist General J. B. van Heutsz in der Spätphase des Krieges beriet. Der Guerillakrieg zog sich noch bis 1914 hin. Acehische Nationalisten sagen, dass er nie ganz beendet wurde, da es immer Widerstand gegeben und der Sultan nie seine Souveränität übertragen habe.

Der Aceh-Krieg ist zu einer Art Trauma für beide Kriegsparteien geworden, vor allem wegen der Zähigkeit des Widerstandes und der Opferzahlen. Über viele Jahre waren die Holländer quasi in ihrer Hauptstadt eingesperrt, die sie befestigen mussten, um nicht überrannt zu werden. Jahrzehntelang waren sie nicht in der Lage, Teile der Bevölkerung auf ihre Seite zu ziehen. Ihre Strategie, bei der Befriedung ganz auf die traditionellen Anführer zu setzen, hatte zwei wichtige, nicht beabsichtigte Konsequenzen. Erstens ging der Widerstand dadurch immer mehr auf die islamisch-religiösen Führer über, womit die Religion zum entscheidenden Element des Widerstandes wurde – und das wollten die Holländer eigentlich unter allen Umständen vermeiden. Zweitens kamen die traditionellen Anführer in die Position von Kollaborateuren. Dies wurde ihnen später in der sozialen und antikolonialen Revolution 1945 zum Verhängnis (s. u.).

Die unabhängigen **Bataklӓnder** wurden ab 1872 in mehreren Kriegen Stück für Stück reduziert. Der Widerstand hielt aber unter ihrem letzten Führer Sisingamangaraja XII. bis ins 20. Jahrhundert an. Dieser wurde 1907 in einem Scharmützel erschossen. Danach war das Gebiet befriedet und nun offen für die Missionierung der noch animistischen Batak.

Territoriale Vervollständigung

Im Osten des Archipels waren die militärischen Probleme der Holländer geringer als in Aceh. Am heftigsten war dort die Kampagne zur Annexion **Balis** und **Lomboks**. Am Anfang standen Auseinandersetzungen zwischen den balinesischen Fürstenhäusern, in die sich die Kolonialregierung zunächst nicht einmischte. In der Folge wurde Mengwi, eines der sieben Fürstentümer, 1891 von seinen Nachbarn absorbiert. Der erste Krieg der Holländer in dieser Phase der Annexion gegen ein balinesisches Fürstentum fand nicht auf Bali, sondern auf der östlichen Nachbarinsel Lombok statt. Das Königreich Mataram auf Lombok war balinesisch und herrschte über eine größtenteils islamische Bevölkerung, die Sasak. Als der Raja von Lombok Sasak-Truppen aushob, um auf Bali zu intervenieren, brach ein Aufstand der Sasak aus. Dies war der Anlass für Batavia, 1894 militärisch gegen Mataram[8] vorzugehen. Am Ende des Feldzugs kam es zum ersten Mal zu einem sogenannten *puputan*: einem letzten Angriff, in dem sich die Königsfamilie einschließlich Frauen und Kindern bewusst in den Tod stürzte, um der Niederlage zu entgehen.

Da Karangasem in Ostbali von der mataramschen Herrscherfamilie regiert worden war, geriet auch dieses Fürstentum unter holländische Herrschaft. Daraufhin stellte sich Gianyar freiwillig unter holländischen Schutz, um vor seinen Nachbarn sicher zu sein. Der Angriff der Kolonialmacht auf die restlichen Fürstentümer folgte 1906, nachdem Einwohner Badungs im Süden zwei Jahre zuvor ein holländisches Schiffswrack geplündert hatten. Die Aktion endete in einem weiteren *puputan*. Im westlich angrenzenden Tabanan kapitulierte der Raja und beging danach mit seinem Sohn Suizid. Die anderen balinesischen Fürstentümer wurden ebenfalls unter direkte Kontrolle gebracht. Endgültig versiegte der Widerstand erst 1908, als der letzte balinesische Herrscher, der Raja Agung von Klungkung, sich holländischen Befehlen widersetzte und dann ebenfalls mit seiner Familie in einem *puputan* sein Ende fand.

Die **Kleinen Sundainseln** weiter östlich wurden alle im ersten Jahrzehnt des 20. Jahrhunderts unter Kontrolle gebracht. Die meisten von ihnen hatten bereits im 19. Jahrhundert die Souveränität der Niederlande anerkannt. Lediglich auf Flores hatten die Holländer einige Schwierigkeiten. Die Insel konnte erst 1907 vollständig kontrolliert werden. Ähnliches lässt sich für Ceram, eine Molukkeninsel, sagen, die 1904 endgültig befriedet wurde. Timor war nicht nur durch die Konkurrenz mit den Portugiesen gekennzeichnet, sondern auch durch Probleme der Holländer, das Landesinnere zu kontrollieren. Vor allem das Königreich der Wehale weigerte sich lange, holländischen Befehlen zu folgen. Erst 1906 unterwarf sich sein König und durfte in holländischen Diensten weiter seinem nun machtlosen Königreich vorstehen. Mit den Portugiesen wurde 1916 ein endgültiger Grenzvertrag geschlossen, der durch den Tausch kleinerer Gebiete die bestehenden Enklaven weitgehend beseitigte.

Südsulawesi war seit der Niederlage Makassars 1669 geteilt in ein von den Holländern direkt verwaltetes Gebiet und einige buginesische Fürstentümer, die bei formaler Anerkennung der Oberhoheit Hollands weitgehend sich selbst überlassen blieben. Nach der englischen Besatzung kehrten die Holländer erst 1824 zurück. Die buginesischen Fürstentümer waren ihnen inzwischen gar nicht mehr freundlich gesinnt, auch nicht das ehemals verbündete Bone. In der Folgezeit kam es zwar zu einigen Auseinandersetzungen, Holland war aber nie bereit, sehr viel in die Kontrolle zu investieren. Dies änderte sich gegen Ende des Jahrhunderts, als 1895 ein neuer Raja den Thron Bones bestieg. Er begann eine aggressive Politik gegenüber den Nachbarkönigreichen, und als er auch noch auf Flores zugriff, war der Anlass für eine Intervention gegeben. Nach einigen kleineren Gefechten wurde 1905 Bone selbst angegriffen; der Raja starb bei diesem Angriff. 1908 war dann der letzte Widerstand gebrochen. Bemerkenswert an der Politik der Buginesen war die religiöse Komponente. Antikolonialismus definierte sich hier islamisch. Der Imam von Bone war an der Organisation des Widerstandes gegen die Holländer maßgeblich beteiligt. Ihre Kampagne gegen die Buginesen nutzten die Holländer gleichzeitig, um sich auch die Toraja-Länder im Inselinneren einzuverleiben, die im Einflussbereich des buginesischen Fürstentums Luwu gelegen hatten.

Im ausgehenden 19. Jahrhundert machten die Holländer wenig Anstalten, ihre Ansprüche auf **Neuguinea** mit dem Aufbau einer tatsächlichen Verwaltung zu untermauern. Die Angelegenheit wurde aber 1884 dringlicher, weil Briten und Deutsche im Osten der Insel Fuß fassten. Formal bestand immer noch die Souveränität des Sultanats von Tidore. In den Jahren 1893 bis 1895 einigte man sich auf eine Grenzziehung mit England etwas östlich des 141. Längengrades. Für den nördlichen, deutschen Teil wurde erst nach der Übernahme der Kolonie durch Australien ein Abkommen getroffen. Die exakte Grenzführung variierte aber und wurde erst 1964 zwischen der Republik Indonesien und Australien endgültig festgelegt.

6. Die späte Kolonialzeit bis zum Zweiten Weltkrieg

Resümierend ist festzustellen, dass die Kolonie Niederländisch-Indien erst zu Beginn des 20. Jahrhunderts ihre endgültige Form angenommen hat. So waren es nur wenige Jahrzehnte bis zur Vertreibung der Holländer durch die japanische Invasion im Zweiten Weltkrieg. Von einer 350 Jahre währenden Kolonisierung Indonesiens zu sprechen, wie es einige Nationalisten tun, ist daher eher irreführend. Bis weit ins 19. Jahrhundert war der größte Teil der Außeninseln relativ unberührt von holländischer Kolonialherrschaft. Dies betrifft im Übrigen auch viele Regionen, die formal unter holländischer Suzeränität standen. Selbst in den Regionen, die direkter Herrschaft unterstanden, wirkte sich diese für einfache Bevölkerung erst einmal wenig aus.

Das änderte sich im 19. Jahrhundert mit der Unterwerfung aller Regionen, auf die Holland koloniale Ansprüche erhob; sie waren im Zuge der Herausbildung einer modernen kolonialen Ökonomie und Administration einer intensiven gesellschaftlichen Transformation ausgesetzt. Vor allem auf Java geschah dies durch den Zwangsanbau, der dem Land eine stark hierarchische Administration auferlegte. Die alten Strukturen waren zerstört, und vor allem die Bauern mussten sich den neuen Gegebenheiten anpassen. Einen Weg zurück gab es nicht.

Bis zum Beginn des 20. Jahrhunderts hatten die Holländer ein riesiges Gebiet unter ihre Kontrolle gebracht: 280 größere, kleinere und kleinste Fürstentümer befanden sich unter ihrer Herrschaft. Mit den wenigen Ressourcen, die sie zur Verfügung hatten, war es unmöglich, überall eine funktionierende Verwaltung aufzubauen. Schon aus diesem Grund waren die Lebensverhältnisse in den vielen Teilgebieten der Kolonie extrem unterschiedlich, ein Zustand, der bis heute nachwirkt. Es entstand ein Flickenteppich von unterschiedlichen Verwaltungsstrukturen. Diejenigen lokalen Herrscher, die sich bereitwillig unterwarfen, wurden in ihrer Stellung belassen. Mit einer sogenannten *korte verklaaring* («kurze Erklärung») wurde das Verhältnis zur Kolonialmacht geregelt. Ansonsten galt für sie und ihre Untertanen das europäische Recht in der Regel nicht, wohl aber für die nicht-indigenen Bevölkerungsgruppen, die in dem betreffenden Gebiet lebten.

Auf einer anderen Stufe standen die größeren Fürstentümer, mit denen ein Vertragsverhältnis bestand und die festgelegte Rechte und Pflichten hatten. Aber auch in deren Gebiet gab es kein einheitliches Recht. Bestes Beispiel sind die großen Plantagengebiete in Ostsumatra, in denen praktisch ausschließlich Europäer und andere nicht-indigene Einwohner lebten, auf die die Fürsten keinen Einfluss hatten. Einen Sonderstatus behielten auch die sogenannten *vorstenlanden* auf Java als Reste des ehemaligen Mataram. So entwickelte sich in Niederländisch-Indien ein plurales Rechtssystem. Vor allem in den Regionen, in denen indigenes Recht herrschte, war die Vielfalt enorm. Das traditionelle «Adatrecht» wurde zu einer eigenen Wissenschaft für viele holländische Rechtsexperten. Auf diese Weise wurde das ehedem flexible traditionelle Recht in einen fixierten Korpus gefasst, wobei alles, was dem holländischen Rechtsempfinden zuwiderlief, ausgeschlossen wurde. Dass dazu auch Phänomene wie Sklaverei und Kopfjagd gehörten, versteht sich von selbst. Eine Gleichheit aller Einwohner der Kolonie vor dem Gesetz war vor diesem vielfarbigen Hintergrund ausgeschlossen.

Zweischneidig: Die Ethische Politik

In dem Maße, in dem die Moderne die ganze Insel Java und einen großen Teil Sumatras erfasste, entwickelte sich ein großer Bedarf an qualifiziertem Personal, sowohl in der Wirtschaft als auch in der

Verwaltung und im Bildungswesen. Qualifiziertes Personal verlangte nach Bildung. Obwohl immer mehr Europäer nach Niederländisch-Indien kamen, war es unabdingbar, auch das einheimische Potenzial auszuschöpfen. Dazu brauchte man einen anderen Ansatz im Verhältnis zur einheimischen Bevölkerung, auf deren Kooperation man nun angewiesen war.

Nach dem Ende der VOC wurde in den Niederlanden durchaus kontrovers über eine Neuausrichtung kolonialer Politik diskutiert. So war noch im Bericht der sogenannten Nederburgh-Kommission 1802 zu lesen gewesen: «Die Kolonie existiert für das Mutterland und nicht das Mutterland für die Kolonie.» Knapp hundert Jahre später, 1899, schrieb der Jurist Conrad Theodor van Deventer, der für politische und rechtliche Änderungen in der Kolonie eintrat, von einer «Ehrenschuld» gegenüber den Einheimischen, die man zurückzahlen müsse. Es war der Beginn der «Ethischen Politik», die auch die Unterstützung der niederländischen Königin Wilhelmina (reg. 1890–1948) fand. Das bedeutete allerdings nicht, dass von da an die Rechte der Einheimischen im Vordergrund gestanden hätten oder die Ausbeutung beendet worden wäre.

Man muss sich die Ethische Politik eher als paternalistisches Unternehmen vorstellen, mit dem die Einheimischen etwas besser gestellt und durch Bildung in die Lage versetzt werden sollten, innerhalb des kolonialen Gefüges effektiver zu agieren. Es genügte nun nicht mehr, das Gros der Bevölkerung auszuplündern und einige wenige einheimische Beamte zu korrumpieren. Man brauchte Lehrer, Ärzte, Ingenieure, die unter den vorher existierenden Verhältnissen kaum hätten arbeiten können. Dies bedeutete keineswegs Bildung für alle, denn die andere Seite der Ethischen Politik bestand im Aufbau einer differenzierten Apartheid-Gesellschaft: Die meisten Rechte hatten die Europäer (Japaner waren ihnen gleichgestellt); danach kamen ausländische Asiaten einschließlich der Araber und Chinesen. Am unteren Ende mit den wenigsten Rechten kamen die Einheimischen («inlanders»). Freizügigkeit gab es nicht einmal innerhalb der Kolonie. Politische Partizipation der

Einheimischen war undenkbar. Eine solche Politik musste zwangsläufig zu Reibungen führen, denn immer besser ausgebildete Einheimische wurden mit ihrer Situation unzufrieden. Und wann immer sich Unmut äußerte, wurde er mit Sanktionen bekämpft.

Staatliche Bildungseinrichtungen für Einheimische entstanden vor allem auf Java. Ihre Zahl war – gemessen an der Gesamtbevölkerung – klein. Die meisten Schulen vermittelten Grundkenntnisse, Niederländisch wurde in ihnen nicht gelehrt. Dies war den Angehörigen einer kleinen Elite vorbehalten, die ihre Ausbildung später als Rechtsanwälte, Ärzte, Ingenieure oder Lehrer fortsetzten. Der eine, größere Teil der einheimischen Bevölkerung sollte gerade so weit ausgebildet werden, wie es notwendig war, um in einem fortgeschrittenen Produktionsprozess zu funktionieren. Der andere Teil sollte bewusst «verwestlicht» werden, um im Sinne der Holländer Stellen in der höheren Verwaltung und Dienstleistung einzunehmen. Für diese Gruppe wurde daher seit 1891 der Weg in die europäische Schulbildung geöffnet. 1900 wurde OSVIA gegründet, die Schule für einheimische Beamte. Zur gleichen Zeit entstand die STOVIA, die einheimische Ärzte ausbildete. Neben den staatlichen Schulen gab es noch die Missionsschulen, die vor allem in den Außengebieten oft die einzige Bildungsmöglichkeit darstellten. Ebenfalls erwähnt seien die islamisch-religiösen Schulen. Diese gab es zwar schon vor dieser Zeit, sie sollten aber umso bedeutender werden, je mehr sie zum Instrument gegen die «Verwestlichung» wurden. Ähnliches lässt sich für die sogenannten «wilden» Schulen sagen, *Taman Siswa* genannt, die später von Nationalisten eingerichtet wurden, um einerseits die Bildung zu verbreitern und andererseits das Curriculum dem kolonialen Einfluss zu entziehen. Die Kolonialverwaltung versuchte natürlich mit allen Mitteln, diese «wilden» Schulen zu verbieten oder einzudämmen, da sie sie als Gefahr für die Stabilität ansah. Vor 1919 gab es im Übrigen keine Hochschulbildung in Niederländisch-Indien. Die betreffenden Aspiranten mussten dafür in die Niederlande reisen, was sich in der Regel nur begüterte Familien leisten konnten.

Als ein Ergebnis der Ethischen Politik entstand somit eine – wenn auch zahlenmäßig kleine – einheimische gebildete Mittelschicht. Dabei hatte die Kolonialmacht aber nicht bedacht, dass sich eine gebildete Schicht auf Dauer nicht ohne erhebliche Friktionen von der politischen und gesellschaftlichen Partizipation fernhalten lässt und dass diese Widersprüche früher oder später in eine nationalistische Bewegung einmünden mussten.

Aufkeimendes Nationalbewusstsein

Mit steigender Bildung wuchs in der Bevölkerung nicht nur das Bewusstsein der erduldeten Ungerechtigkeiten, es wuchs auch das Bewusstsein der eigenen kulturellen Identität. Dabei definierte sich Identität nicht mehr über den Clan oder die soziale Schicht, sondern zunehmend im nationalen Sinne. Natürlich meinte dies am Anfang eine javanische Identität, nicht eine gesamtindonesische. Die gebildeten Einheimischen, zuerst die Javaner, waren geradezu prädestiniert, die Basis für die Entwicklung nationaler und nationalistischer Einstellungen zu werden.

Die erste, 1908 gegründete Organisation, die in diese Richtung zielte, war Budi Utomo, was so viel wie «hehres Streben» oder auch «überlegener Intellekt» bedeutet. Die Mitglieder rekrutierten sich aus den diversen einheimischen Bildungseinrichtungen. Sie war keine politische Organisation, auch wenn sie die Bildung für Einheimische befördern wollte. Sie war ferner eine javanische Organisation, die fest in der javanischen Kultur verankert war, was die Mitgliedschaft anderer, vor allem von Sundanesen, aber nicht ausschloss. Ansonsten blieb man unter sich. Unter der traditionellen javanischen Elite konnte Budi Utomo nicht Fuß fassen, da die alte Aristokratie die jungen Intellektuellen nicht als ebenbürtig ansah. Nach 1909 entstand eine ganze Reihe von Jugendorganisationen im Archipel, die sich alle entlang ethnischer Grenzen organisierten: Pasundan für die Sundanesen, Jong Sumatranen für Sumatraner, hauptsächlich Minangkabau, Jong Minahasa usw. Gesamtindonesische Programmatik war ihnen fremd. Es ging ihnen um die Identität und die Interessen ihrer jeweiligen ethnischen Gruppe. Oft handelte es sich um Migranten, die Gleichgesinnte aus ihren Herkunftsgebieten sammelten. Neu war, dass sich vor allem Jugendliche organisierten, um zum ersten Mal ihre eigenen Interessen zu formulieren.

In diesen Kontext gehört auch die Entstehung von Gewerkschaften. 1905 war die erste Gewerkschaft für Eisenbahner gegründet worden, allerdings von Europäern. Es wurden zwar immer mehr Indonesier Mitglieder, bis sie sogar die Mehrheit stellten. Ihnen wurde aber, ganz im Apartheid-Gedanken, das Stimmrecht verwehrt. Konsequenterweise gründeten die Einheimischen 1908 eine eigene Eisenbahnergewerkschaft, in der alle gleichberechtigt waren. Weitere Gewerkschaften folgten.

Nicht nur bei den Einheimischen, auch bei den im Lande lebenden, vor allem bei den dort geborenen Europäern begann sich Unzufriedenheit aufzubauen. Zu groß war der Widerspruch zwischen den theoretischen Ansprüchen der Ethischen Politik und den tatsächlichen Gegebenheiten. In diesem Zusammenhang ist es bemerkenswert, dass die ersten, die für die Unabhängigkeit Niederländisch-Indiens eintraten, Europäer waren. 1911 gründete E. F. E. Douwes Dekker die Indische Partij. Sie vertrat einen «indischen» Nationalismus, war nicht ethnisch gebunden und forderte die Unabhängigkeit der Kolonie. Die Kolonialbehörden verweigerten der Partei jedoch die Anerkennung. Mehr noch: Sie wurde 1913 aufgelöst, und ihre drei leitenden Köpfe – neben Douwes Dekker zwei Javaner – wurden in die Niederlande exiliert.

Bis zum Ende der Kolonialherrschaft verweigerte sich Holland konsequent einer tatsächlichen politischen Partizipation der einheimischen Bevölkerung. Zwar richtete die Kolonialverwaltung 1918 schließlich den Volksraad ein. Dieser hatte aber nur beratende Funktion für den Generalgouverneur. Die ethnische Zusammensetzung wurde immer wieder variiert, überschritt aber nie 50 Prozent für die Einheimischen. Zudem wurde ein Teil des Volksraad von den lokalen Räten gewählt, der andere, größere Teil vom Generalgouverneur ernannt. Unter diesen Umständen war eine wirkungsvolle Interessenvertretung der einheimischen Bevölkerung unmöglich. Die Gegner der Kolonialregierung stritten in der Folgezeit immer wieder heftig darüber, ob man über den Volksraad mit der Kolonialverwaltung kooperieren und auf dessen Umwandlung in eine tatsächliche Interessenvertretung hinarbeiten oder aber in die fundamentale Opposition gehen sollte.

Die islamischen Bewegungen

Zu Beginn des 20. Jahrhunderts bestand die große Mehrheit der einheimischen Bevölkerung aus Muslimen. Anders als die Spanier und Portugiesen hatten die Holländer nie versucht, sie zum Christentum zu bekehren. Missionierung war bis in die späte Kolonialzeit sogar untersagt, weil sie den Frieden in der Kolonie gefährdete. Lediglich in den «heidnischen» Gebieten war die christliche Mission zugelassen.

Diese Einstellung änderte sich in dem Maße, in dem der Islam selbst als Bedrohung für die innere Sicherheit angesehen wurde. Das hatte mit der Wandlung der islamischen Strömungen und der Entwicklung neuer Ausrichtungen zu tun. Der wahhabitische Einfluss wurde bereits im Rahmen der Padrikriege in Westsumatra erwähnt. Im 19. Jahrhundert kam die islamische Erneuerungsbewegung hinzu – das Resultat eines allgemeinen Niedergangs der islamischen Welt einschließlich ihrer Kolonisierung durch die Ungläubigen. Der heftige Widerstand, der den Holländern von der islamischen Geistlichkeit in Aceh entgegengesetzt wurde, erschien diesen wie ein Menetekel an der Wand. In der Folgezeit investierte die Kolonialmacht viel Energie in die Eindämmung und die Überwachung des Islam sowie in den Aufbau staatlich genehmer Strukturen. Der schon erwähnte Snouck Hurgronje wurde zu ihrem wichtigsten Berater. Der Islam, der hier bis ins 19. Jahrhundert ein vorwiegend mystischer Islam geblieben war, wandelte sich nun allmählich unter dem Einfluss der Moderne zu einer stärker orthodoxen Variante. Dass dieser Prozess nicht gleichmäßig verlief, schon gar nicht in den so unterschiedlichen Gesellschaften des großen archipelagischen Raums, liegt auf der Hand.

Da politische Organisierung den Einheimischen in Niederländisch-Indien verwehrt war, lag es nahe, dass sie andere Formen des Zusammenschlusses wählten. Eine davon war die Gründung islamischer Organisationen.

Die wichtigste und nachhaltigste war zweifellos die Sarekat Islam (SI, Islamische Vereinigung), gegründet 1911. Ursprünglich war sie eine Vereinigung javanischer muslimischer Textilhändler, die sich gegen die chinesische Konkurrenz zur Wehr setzen wollten. Die Gründungsmitglieder entstammten der Händlerschicht von Solo. In der Proklamation kam klar zum Ausdruck, dass die SI nach Fortschritt auf der Grundlage der islamischen Religion strebte. Sie war dezentral organisiert, was vor allem mit den Kontrollen durch die holländischen Behörden zu tun hatte. Zusammengehalten wurde die Organisation ab 1914 durch ein Sekretariat mit Sitz in Solo. Ihr Vorsitzender Tjokroaminoto entwickelte sich zum charismatischen Führer. Stammten die Gründer noch aus dem Händlermilieu, so repräsentierte Tjokroaminoto die jungen indonesischen Intellektuellen. Für ihn stand weniger der Zweck der gegenseitigen Hilfe im Mittelpunkt; er träumte vielmehr von der Befreiung des Volkes von Unterdrückung. Nachdem die Organisation politischer und straffer geworden war, stießen auch Minangkabau-Intellektuelle hinzu. Erst 1916 wurde die zentrale SI durch die Kolonialbehörden anerkannt.

Die zweite Phase in der Entwicklung der Sarekat Islam umfasst die Zeit von 1916 bis 1921. Nun bildete sich die nationale Zielrichtung immer stärker heraus, wobei noch nicht eindeutig geklärt war, ob darunter Selbstverwaltung oder volle Unabhängigkeit zu verstehen sei. Für die kurz- und mittelfristige Politik wurden eine Prinzipienerklärung und ein Aktionsprogramm verabschiedet. Der Islam wurde zur Grundlage der Demokratie erklärt. Der Staat sollte sich aber nicht in religiöse Dinge einmischen, vielmehr alle Religionen gleich behandeln. Ferner wandte sich die SI gegen den «sündhaften» Kapitalismus. Für alle Bevölkerungsgruppen sollte einheitliches Recht geschaffen werden. Industriezweige von lebenswichtigem Charakter sollten sozialisiert, die Arbeitsgesetze im Interesse der Arbeiter verbessert werden. Darüber hinaus sollten Kooperativen gefördert, Laster wie Opiumkonsum, Würfelspiel und Prostitution bekämpft, Kinderarbeit abgeschafft und die Zahl freier Kliniken vergrößert werden. Es ist unschwer zu erkennen, dass die SI Religion in einen größeren weltlich-politischen Kontext eingebunden sah.

In dieser Zeit bildete sich ein scharfer Gegensatz zwischen Gemäßigten und radikal Linken heraus, die sich unter den kolonialen Gesetzen nicht selbständig organisieren konnten und daher der SI beigetreten waren. Die Mehrheit lag aber klar bei den Gemäßigten. Mit der Oktoberrevolution in Russland wandte sich der radikale Flügel unter Semaun kommunistischen Ideen zu. Die Gründung eines konkurrierenden Gewerkschaftsverbandes durch die Linken war dann nur noch ein Vorbote der Spaltung. Die zweite Phase endete 1921 mit dem Ausschluss der Kommunisten. Seitdem waren neben den muslimischen und den nationalistischen Kräften die Kommunisten eine dritte politische Macht, die in der Kolonie für nationale Interessen eintrat.

Die grundsätzliche Ausrichtung der SI änderte sich im Folgenden aufgrund einer zunehmenden Feindseligkeit gegenüber den Holländern. Alle Versuche, durch Kooperation zu Fortschritten zu gelangen, waren fehlgeschlagen. Die Ethische Politik, auf die man Hoffnungen gesetzt hatte, schien nur im Sinne kolonialer Interessen zu funktionieren. Die Forderungen der SI zielten nun auf die Negation des Volksraad und die kompromisslose Forderung nach einer Regierung des Volkes. Im Jahr 1927 schlitterte die SI in eine Phase, die sie immer mehr vom politischen Geschehen entfernen sollte. Der Beschluss von 1927, alle Mitglieder der Muhammadiyah (siehe unten) aus der Partei auszuschließen, kostete die SI viele Mitglieder und Sympathien. Gleichzeitig wurde 1927 die Partai Nasional Indonesia (PNI) durch Soekarno gegründet, die auch für Muslime offen war, welche darin sogar einen wichtigen Flügel stellten. Das schwächte die SI in der nationalen und Unabhängigkeitsbewegung ganz entscheidend. Daneben bildeten sich auch neue islamische Parteien, so die Partai Islam Indonesia (PII), in der sich unter anderem die ausgeschlossenen Muhammadiyah-Mitglieder wiederfanden. Damit hatte die SI endgültig ihren Ausschließlichkeitsanspruch verloren und war eine Partei unter vielen geworden. In der Folgezeit verstrickte sie sich immer mehr in Flügelkämpfe. Ihr Anspruch, den politischen Islam insgesamt zu vertreten, hatte seine Basis verloren.

Wichtig für die Herausbildung einer nationalen Identität waren auf islamischer Seite aber nicht nur die politischen Parteien. In der späten Kolonialzeit bildeten sich auch die beiden großen Strömungen heraus, die bis heute neben dem explizit politischen Islam die islamische Identität Indonesiens ausmachen.

An erster Stelle ist die modernistische Muhammadiyah zu erwähnen. Ihre Gründung 1912 war das Werk von Kiai Haji Ahmad Dahlan. Ursprünglich ein Mitglied des Budi Utomo, wurde er gedrängt, eine permanente Organisation aufzubauen. Als Ziele der Muhammadiyah wurden die Verbreitung des Islam unter der Bevölkerung, die Beförderung religiösen Lebens unter den Mitgliedern, der Bau von Moscheen sowie die Herausgabe von Publikationen definiert. Bis 1917 waren die Aktivitäten der Muhammadiyah auf Yogyakarta beschränkt. 1920 erfolgte die offizielle Ausdehnung über ganz Java, ein Jahr später über Java hinaus. Inhaltlich war die Muhammadiyah an den Ideen der arabischen Reformer jener Zeit ausgerichtet, etwa der ägyptischen Modernisten Muhammad Abduh und Rashid Rida. Als eine ihrer wichtigsten Aufgaben sah die Muhammadiyah die Überwindung des islamischen Konservatismus, die Ausmerzung von «Aberglauben» und islamfremden Elementen sowie die Rückkehr zum reinen und unverfälschten Islam bei gleichzeitiger Anpassung an die Moderne. Kern ihrer Theologie war die Rückbesinnung auf die ursprünglichen Quellen des Islam, den Koran und die Sunna des Propheten. Damit wurde auch die Autorität der vier orthodoxen islamischen Rechtsschulen in Frage gestellt. Insofern kann man die Muhammadiyah als fundamentalistisch bezeichnen.

Als eine der ersten islamischen Organisationen richtete sie 1918 eine eigene Abteilung für soziale Wohlfahrt ein, die sich kontinuierlich um Arme, Kranke und Waisen kümmerte. Die Frauenorganisation Aisyiah, gegründet 1918, wurde 1922 offizielle Unterorganisation der Muhammadiyah. Nun setzte eine rasante Entwicklung ein. 1925 hatte die Muhammadiyah 4000 Mitglieder in 29 Zweigorganisationen, die über acht H.I.S. (Hollands Inlandse School), eine Lehrerbildungsanstalt, 32 fünfjährige Elementarschulen, 14 Madrasah, 2 Kliniken, ein Armenhaus sowie ein Waisenhaus verfügten. 1929 waren es schon 19 000 Mitglieder, 1930 24 000, 1935 43 000. Zu dieser Zeit gab es auf Java 316 Zweigorganisationen und auf Sumatra 286. 1938 schließlich umfasste die Muhammadiyah 852 Zweigorganisationen und unterhielt 834 Moscheen und Gebetshäuser, 31 öffentliche Bibliotheken und 1774 Schulen.

Die Muhammadiyah selbst sah sich nicht als politische Organisation. Daher waren die Reibungsflächen mit der Kolonialverwaltung gering. Das schloss aber nicht aus, dass sich Muhammadiyah-Mitglieder individuell in politischen Parteien engagierten. Diese Dichotomie mehrfacher Mitgliedschaften und Aktivitäten hat sich bis in die Gegenwart erhalten. Heute ist die Muhammadiyah – nach der traditionalistischen Nahdlatul Ulama (NU, s.u.) – die zweitgrößte islamische Organisation der Welt. Bemerkenswerterweise bildete sich 1915 parallel zur Muhammadiyah eine gleich ausgerichtete Organisation für die arabische Bevölkerung Niederländisch-Indiens, die al-Irsyad («Rechtleitung»). Obgleich beide sich nicht als Konkurrenz sahen, spiegelt sich hier die ethnische Trennung in Niederländisch-Indien.

Durch die Entwicklung von Sarekat Islam und Muhammadiyah

fühlten sich die traditionellen islamischen Führer mehr und mehr an den Rand des nationalen islamischen Diskurses gedrängt. Schließlich gründeten sie 1926 auf Initiative ihres ersten Führers Hasyim Asy'ari (gest. 1947) selbst eine Organisation mit dem Namen Nahdlatul Ulama (NU), was so viel wie «Erwachen der Religionsgelehrten» bedeutet. Ihre Basis lag in den ländlichen Regionen Ostjavas und stützte sich auf die traditionellen islamischen Internatsschulen, die auf Java *Pesantren* genannt werden. Ideologisch stand sie auf dem Boden einer der vier traditionellen sunnitischen Rechtsschulen, nämlich der schafiitischen. Die Zugehörigkeit zu einer anderen Rechtsschule war aber kein Hindernis. In den folgenden Jahrzehnten erhielt die NU enormen Zulauf und überrundete die Muhammadiyah schließlich in ihrer Mitgliederzahl. Sie ist heute mit etwa 30 Millionen Anhängern die größte muslimische Organisation der Welt. Zahlreiche Innovationen, die die Muhammadiyah initiiert hatte, wurden von ihr im weiteren Verlauf der Geschichte aufgegriffen, vor allem im Bereich des Bildungswesens, sofern sie nicht den Grundprinzipien der Organisation widersprachen. Auch die NU verstand sich als kulturelle Organisation, die sich nicht in die Tagespolitik in der Kolonie einmischte.

Kommunisten und Sozialisten

1914 gründete der Holländer H. J. F. M. Sneevliet (gest. 1942) die Indische Sociaal-Democratische Vereeniging (ISDV), die später zur ersten kommunistischen Partei Asiens wurde. Die Führung war anfangs größtenteils europäisch und hatte ihre Hauptbasis in Surabaya, Semaun (gest. 1971), ein Javaner, gehörte zu den wenigen Einheimischen. Nach der russischen Oktoberrevolution bewegte sich die ISDV nach links. Das wurde sehr deutlich, als sie im selben Jahr daran ging, Matrosen und Soldaten in Räten zu organisieren, vor allem in der wichtigen Hafenstadt Surabaya. Die niederländische Kolonialverwaltung schlug diesen Revolutionsversuch schnell nieder. Sneevliet und die anderen Führer wurden entweder verhaftet oder exiliert. Die Führung ging nun auf Einheimische über, in erster Linie Semaun. Von nun an versuchten die Kommunisten zum einen, ihre Ideologie mit einheimischen kulturellen Traditionen in Einklang zu bringen, zum anderen, über die Sarekat Islam eine Massenbasis aufzubauen.

Auch dieser Versuch scheiterte. Sie musste ihre politischen Aktivitäten in der Halblegalität weiterführen sowie über die Gewerkschaften, die von ihr dominiert wurden. 1924 gab sich die Organisation den Namen Partai Komunis Indonesia (PKI). Sie war damit die erste politische Organisation, die den Begriff Indonesien in ihrem Namen führte.

Zu Beginn hatte die PKI noch erheblichen Einfluss auf einige Sektionen der SI, die sie dominiert hatte, vor allem die in der Hafenstadt Semarang. Der Druck der Kolonialbehörden war aber erheblich. Die beiden Führer Semaun und Tan Malaka gingen ins Exil. Durch das Fehlen straffer Führungsstrukturen drifteten die regionalen Teile immer weiter auseinander. Die starke Indigenisierung der Ideologie bis hin zu einem islamischen Sozialismus hatte den ideologischen Zusammenhalt aufgeweicht. Hinzu kam die Unentschlossenheit, ob man sich auf die ländliche Bauernschaft oder das städtische Proletariat stützen sollte. Der Versuch einer Streikwelle 1925 endete im Desaster und in der Zerschlagung der PKI-nahen Gewerkschaften. Weitere Führungsmitglieder wurden verhaftet oder flohen ins Exil. Der Letzte der ursprünglichen Führungsriege, Musso (gest. 1948), wich nach Singapur aus. In dieser desolaten Situation fasste die Partei den in der Führungsspitze umstrittenen und verhängnisvollen Entschluss zu einem allgemeinen Aufstand. Er brach am 12. November 1926 aus, fand aber nur in Westjava Unterstützung. Nachdem er dort in kürzester Zeit niedergeschlagen war, folgte am 1. Januar 1927 ein Aufstand in Westsumatra, mit demselben desaströsen Ergebnis. In der Folgezeit wurde die PKI zerschlagen und erholte sich nicht mehr bis zum Ende der japanischen Besatzungszeit. 13 000 Menschen wurden verhaftet, einige hingerichtet,

4500 wurden eingekerkert, rund 1300 landeten im berüchtigten Gefangenenlager Boven Digul in Neuguinea.

Die Niederlage der Kommunisten markierte das Ende einer Phase, in der die antikolonialen Kräfte nach einem Weg und einer Strategie zur Überwindung des Kolonialismus suchten.

Soekarno und die Nationalisten

Die sozialen Wurzeln der Nationalisten lagen in Intellektuellenzirkeln und der Mittelschicht, der sie zum großen Teil entstammten. Bereits 1908 war von indonesischen Studenten in den Niederlanden die Indische Vereeniging gegründet worden. Deren Mitglieder setzten nach ihrer Rückkehr ihre Aktivitäten fort. Viele standen auch in Verbindung zum Budi Utomo. Der wichtigste dieser Studienklubs in Niederländisch-Indien war der Algemeene Studie Club von Bandung. Eines seiner Mitglieder war Soekarno (gest. 1970), der spätere Führer der Nationalisten und erste Präsident der unabhängigen Republik Indonesien.

Soekarno war Sohn einer Balinesin und eines javanischen Lehrers und Theosophen. Er genoss eine höhere europäische Schulbildung in Surabaya. Dort kam er auch mit vielen wichtigen politischen Führern zusammen, darunter der aus dem Exil zurückgekehrte Sneevliet sowie Semaun, Musso und der SI-Führer Tjokroaminoto. 1921 wechselte Soekarno nach Bandung und studierte dort an der erst ein Jahr zuvor gegründeten Technischen Hochschule. Bandung war zu jener Zeit ein Laboratorium für neue Ideen. Dort traf er auch auf Douwes Dekker, der ebenfalls aus dem Exil zurückgekehrt war und ihn sehr beeindruckte. Von Douwes Dekker und Gleichgesinnten stammen sicherlich Soekarnos Ideen von einem Nationalismus, der frei von religiösen, sozialen oder ethnischen Vorbehalten war. Nach Soekarnos Vorstellungen sollten alle Einwohner ihren Platz in einem unabhängigen Indonesien haben. Für ihn war die javanische Gesellschaft ein Vorbild, da es ihr, wie er meinte, gelungen war, indigene, hinduistische, buddhistische, islamische und westliche Ideen in einer Synthese zu vereinigen. Dabei blieb er aber sehr vage, wie er sich die konkrete Ausgestaltung eines zukünftigen Gemeinwesens vorstellte. Soekarno profilierte sich vor allem aufgrund seiner rhetorischen Fähigkeiten und seines scharfen Blicks für das, was das Volk berührte, sehr schnell als populärer Anführer. Dabei half ihm, dass er ganz von seiner eigenen Mission überzeugt war und sich selbst als Führer und großen Ideengeber sah.

Nach dem Niedergang der Kommunistischen Partei und der Zersplitterung des islamischen politischen Lagers wurde schon am 4. Juli 1927 unter Beteiligung Soekarnos die Partai Nasional Indonesia (PNI) gegründet, zuerst allerdings noch unter anderem Namen. Die ideologischen Grundlagen waren einfach: Mitglied konnte jeder Indonesier werden, das Ziel war die Unabhängigkeit in den Grenzen Niederländisch-Indiens, und der zukünftige Staat sollte auf einem säkularen Nationalismus beruhen. Soekarno strebte die Einheit aller antikolonialen Kräfte an und suchte daher eine Einheitsfront verschiedener Organisationen zustandezubringen. Dies gelang ihm zwar nur bedingt, ein wichtiger Ansatz war aber gemacht. Denn in dieser Ideologie konnten sich im Prinzip fast alle wiederfinden, vor allem auch die Minderheiten. Dazu gehörten religiöse Minderheiten, die eine Dominanz durch den Islam fürchteten, aber auch wichtige ethnische Gruppen wie die Araber und Chinesen. Ein großer Erfolg seiner Politik war der berühmte Jugendkongress vom Oktober 1928, auf dem zum ersten Mal die spätere Nationalhymne angestimmt und der «Schwur der Jugend» geleistet wurde. Dieser beschwor die indonesische Einheit und benannte – ebenfalls von großer historischer Tragweite – Indonesisch als Nationalsprache. Letzteres ist in seiner Bedeutung für die Einheit Indonesiens nicht zu unterschätzen. Man nahm bewusst Abstand davon, die Sprache der Mehrheit, also das Javanische, als Nationalsprache zu wählen, sondern stattdessen die ehemalige Lingua franca im Archipel, das Malaiische, das somit zum Indonesischen wurde.

Soekarno (1901–1970), Gründer der Republik Indonesien und erster Präsident, um 1951

Eine weitere nationalistische Strömung muss hier angesprochen werden. Die oben schon erwähnte Indische Vereeniging, die Organisation indonesischer Studenten in den Niederlanden, wurde 1922 in «Indonesische Vereeniging» und 1925 in «Perhimpunan Indonesia» umbenannt. Ihre Ausrichtung war ebenfalls nationalistisch, aber stark linkslastig und intellektuell geprägt. Sie erlangte nie die Bedeutung der PNI, war aber wichtig, weil aus ihr einige einflussreiche Politiker hervorgingen, darunter Mohammad Hatta (gest. 1980), später Vizepräsident, und Sutan Sjahrir (gest. 1966), später Ministerpräsident. 1931 zerbrach die Organisation, als es moskautreuen Kommunisten gelang, die Führung zu übernehmen.

Die letzten Jahre der Kolonialmacht

Die Kolonialmacht war nach der unruhigen Phase zu Beginn des 20. Jahrhunderts darauf aus, keinerlei weitere Risiken einzugehen. Daher wurden den Aktivitäten der Nationalisten enge Grenzen gesetzt, zumal zahlreiche ehemalige Mitglieder der kommunistischen Partei in die Nationalpartei PNI überwechselten. Soekarno wurde Ende 1929 verhaftet und gemeinsam mit anderen Führungsmitgliedern wegen «umstürzlerischer Aktivitäten» verurteilt. Er wurde zwar zwei Jahre später wieder entlassen, kurz darauf aber erneut verhaftet und stand danach bis zur japanischen Invasion unter Arrest. Ein ähnliches Schicksal teilten auch Mohammad Hatta und Sutan Sjahrir.

Ende der zwanziger Jahre änderten sich die Rahmenbedingungen in Niederländisch-Indien drastisch. Nach dem Börsencrash in New York am 24. Oktober 1929, dem Schwarzen Freitag, schlug die nun folgende Rezession in den Industrieländern voll auf die Kolonie durch. Ihre Ökonomie war trotz aller Diversifizierungsbemühungen gänzlich von Rohstoffexporten abhängig, das heißt in erster Linie von landwirtschaftlichen Produkten und Erdöl. Nicht nur die sinkende Nachfrage in Europa und Amerika machten der indonesischen Wirtschaft zu schaffen. Schon vorher hatte der Agrarsektor mit nachlassender Nachfrage nach Zucker auf dem Weltmarkt zu kämpfen, da sich Rübenzucker in Konkurrenz zum Rohrzucker immer mehr durchsetzte. Bis 1935 waren die Exporte schließlich auf ein Drittel des Wertes von 1929 gefallen. Bis zum Beginn des Zweiten Weltkrieges sollte sich die Ökonomie nicht mehr von diesem Einbruch erholen.

Parallel dazu erfolgte ein Rechtsruck in der Politik, sowohl im Mutterland als auch in der Kolonie. 1931 wurde Bonifacius C. de Jonge (reg. 1931–1936), ehemaliger Kriegsminister und Direktor der Royal Dutch Shell, Generalgouverneur von Niederländisch-Indien. Seine Regierung ging gegen jegliche nationalen Regungen rigoros vor. Der sowieso weitgehend wirkungslose Volksraad wurde noch mehr marginalisiert. Unter diesen Bedingungen war legale politische Arbeit kaum möglich. Die PNI stellte ihre Aktivitäten praktisch ein. Zwei Nachfolgeparteien wurden gegründet, die aber ebenfalls kaum Entfaltungsmöglichkeiten hatten. Die Parteienlandschaft zersplitterte immer mehr. Vor allem wuchsen wieder die Widersprüche und Animositäten zwischen den islamischen und nationalistischen Organisationen. Auf der islamischen Seite fand eine teilweise Radikalisierung des politischen Islam statt, die sich später, nach der japanischen Besatzung, in einem islamisch-nationalistischen Antagonismus im Befreiungskampf wiederfand. Dieser Riss sollte nicht mehr heilen.

Von den Konzepten der Ethischen Politik des beginnenden Jahrhunderts war nichts mehr zu spüren. Im Gegenteil, es entfremdeten sich sogar diejenigen Indonesier von der Kolonialmacht, die bis dahin versucht hatten, über Kooperation Fortschritte für die einheimische Bevölkerung zu erreichen. Einen der letzten Versuche unternahm Soetardjo Kartohadikoesoemo (gest. 1976) mit einigen seiner Kollegen im Juli 1936 im Volksraad: Sie brachten eine Petition ein, eine Konferenz einzuberufen, die sich mit einer Autonomie innerhalb einer niederländisch-indonesischen Union befassen sollte. Dies geschah vor dem Hintergrund eines ähnlichen Arrangements, das die USA mit den Philippinen 1933 eingegangen waren. Die Petition wurde 1938 per königliches Dekret zurückgewiesen.

1937 hatte es noch einen Versuch gegeben, eine islamische Einheit herbeizuführen. Die Differenzen zwischen Nahdlatul Ulama und Muhammadiyah hatten bereits erheblich an Heftigkeit nachgelassen. Beide Organisationen bildeten den Kern des nun gegründeten Obersten Islamischen Rates für Indonesien (Majlis Islam A'laa Indonesia, MIAI). Dieser Rat war weniger politisch als vielmehr ein Diskussionsforum. Auf der Ebene des politischen Islam unternahm die Partai Islam Indonesia (PII), die aus der SI hervorgegangen war, 1938 einen letzten Versuch der Wiederbelebung. Die Zeit dafür war aber schon abgelaufen.

Ein ähnlicher Versuch der nationalistischen Parteien 1939, über die Gründung der Indonesischen Politischen Vereinigung (Gabungan Politik Indonesia, GAPI) noch einmal an Einfluss zu gewinnen, verlief ebenfalls im Sande. Die holländische Seite war in dieser angespannten Zeit zu keinerlei Zugeständnissen mehr bereit. 1937 hatte der chinesisch-japanische Krieg begonnen. Die japanische Expansion wurde als Bedrohung der Kolonie empfunden. In Europa begann der Zweite Weltkrieg. GAPI bot der niederländischen Regierung an, eine gemeinsame antifaschistische Front aufzubauen, im Gegenzug sollte Autonomie versprochen werden. Im Februar 1940, drei Monate vor dem Einmarsch der deutschen Wehrmacht in die Niederlande, wies die niederländische Regierung den Vorstoß der indonesischen Nationalisten kategorisch zurück.

7. Japanische Besatzung und Kampf für die Unabhängigkeit, 1941–1949

Okkupator Japan: Kriegswirtschaft und Repressionen

Schon vor der Besetzung der holländischen Kolonie durch japanische Truppen war Niederländisch-Indien wichtig für die japanische Wirtschaft gewesen. Japan selbst besaß keine Rohstoffe und bezog neben anderen Rohstoffen vor allem Erdöl von dort. Nach der Besetzung der Niederlande durch die deutsche Wehrmacht wurde in London eine Exilregierung gebildet, der die Kolonie unterstand. Diese beteiligte sich an der Isolationspolitik gegenüber Japan, so dass das Land von kriegswichtigen Rohstoffquellen, vor allem Erdöl, Bauxit und Kautschuk, abgeschnitten war. Als am 7. Dezember 1941 Ortszeit die Japaner Hawaii angriffen, erklärte der holländische Generalgouverneur in Batavia ebenso wie die anderen Alliierten Japan den Krieg. Von ihren Basen in Französisch-Indochina und der pazifischen Insel Palau begannen am 10. Januar 1942 die Japaner ihren Angriff auf Südostasien und Niederländisch-Indien. Ende Januar vernichtete die japanische Marine eine gemeinsame Marinestreitmacht aus Holländern, Briten, Australiern und Amerikanern in der berüchtigten Schlacht in der Javasee. Am 1. März erfolgte die Landung an der javanischen Westküste. Und bereits am 8. März 1942 kapitulierte der niederländische Generalgouverneur. Damit war die jahrhundertelange holländische Kolonialgeschichte im Malaiischen Archipel beendet.

Von den Indonesiern hatte die Kolonialverwaltung keinerlei Unterstützung erhalten. Sie standen der japanischen Invasion gleichgültig bis begeistert gegenüber. Die holländische Niederlage empfanden sie als Zeitenwende: Die verhasste und als unbesiegbar geltende Kolonialmacht war innerhalb weniger Tage von einer asiatischen Macht besiegt worden. Die Verhältnisse in Indonesien änderten sich rasch und grundlegend. Das Gefühl der Befreiung war indes schnell verflogen. Die Japaner machten von vornherein deutlich, dass sie keinerlei Opposition duldeten und auch keine Unabhängigkeit für Indonesien oder auch nur eine wie auch immer geartete Autonomie im Sinne hatten. In der propagierten «Großen Asiatischen Wohlfahrtszone» war Indonesien die Rolle als Rohstoff- und Arbeitskräftelieferant zugedacht. Sämtliche politischen Parteien und Organisationen wurden verboten. Niederländer und deren Alliierte wurden in rasch eingerichteten, im ganzen Land verteilten, aber auf Java konzentrierten Lagern interniert; geschätzt waren es 170 000, darunter 60 000 Frauen und Kinder. Die Sterblichkeit in den Lagern war hoch, mit ca. 40 Prozent am höchsten in den Lagern für männliche Zivilisten.

Westindonesien wurde von der Armee verwaltet, mit Hauptquartier in Singapur. Ostindonesien einschließlich Borneo unterstand der japanischen Marine und war den größten Repressionen ausgesetzt. Dort war keinerlei politische Äußerung oder Betätigung geduldet. Im Westen war die Herangehensweise differenzierter, Sumatra und Java waren verwaltungsmäßig getrennt. Sumatra wurde sehr viel repressiver behandelt, dort war gar keine politische Partizipation von Einheimischen erwünscht. Die Insel war das reine Rohstoffreservoir. Das bevölkerungsreiche Java hingegen war das Zentrum für die allgemeine Verwaltung. Der japanischen Verwaltung in Batavia war es wichtig, Indonesier zu integrieren. Für diese selbst war das ein gewaltiger Fortschritt, da ihnen nun Positionen offen standen, die ihnen in der holländischen Zeit verwehrt gewesen waren. Für sie war das, wenn auch von den Japanern unbeabsichtigt, eine hervorragende Vorbereitung auf die Aufgaben, die später mit der Unabhängigkeit auf sie zukamen.

Trotz dieser positiven Aspekte hatte die japanische Besatzungszeit aber insgesamt verheerende Folgen für die Bevölkerung. Die Wirtschaft war eine reine Kriegswirtschaft. Die Produktion wurde ganz auf die Bedürfnisse der japanischen Armee ausgerichtet. Die Folge waren Hungersnöte und eine Verarmung großer Teile der Bevölkerung

Ein Hauptanliegen der Besatzungsmacht war die allgemeine Mobilisierung von Arbeitskräften. Japan brauchte die Menschen, um einerseits die kriegswichtige Produktion zu optimieren, andererseits aber auch für Befestigungsarbeiten für die aktuelle Kriegsführung. Anfangs versuchte man, Indonesier dazu zu bewegen, freiwillig als *romusha* (japan. «Arbeiter») in Arbeitsbrigaden einzutreten. Diese wurden nicht nur in Indonesien, sondern auch in Burma und auf den Philippinen zum Bau von Verteidigungsanlagen und Verkehrsprojekten eingesetzt. Später war von Freiwilligkeit keine Rede mehr. Wie viele genau als *romusha* unter miserablen Bedingungen arbeiteten, ist nicht bekannt. Die Schätzungen reichen von 200 000 bis 500 000.[9] Nur knapp 70 000 von ihnen überlebten das Ende des Krieges.

In einer späteren Phase, als die japanische Kriegsmaschinerie auf dem pazifischen Kriegsschauplatz militärisch immer mehr unter Druck geriet, stellten die Japaner auch mehrere Freiwilligenverbände auf, die im Falle einer Invasion an der Seite der japanischen Armee kämpfen bzw. Sicherungsaufgaben übernehmen sollten. Die wichtigste davon war auf Java ab Oktober 1943 die Pembela Tanah Air (PETA, «Verteidiger des Vaterlandes»), die zum Nukleus der indonesischen Befreiungsarmee werden sollte. Später kam auf Sumatra die Giyugun hinzu. Beide verfügten schließlich über 57 000 Mann, davon 37 000 auf Java.

Ebenfalls im Oktober 1943 gründeten die Japaner die Masyumi – der Name ist ein Akronym für Majlis Syuro Muslimin Indonesia (Beratende Versammlung der Muslime Indonesiens). Gleichzeitig lösten sie die noch aus der Vorkriegszeit stammende muslimische Dachorganisation MIAI auf. In die Führungsgremien brachten sie unter Umgehung der alten Führer nun Ulama aus den ländlichen

Regionen Javas, die sie eher kontrollieren zu können glaubten. Auch die Masyumi sollte sich später als wichtige Organisation und Partei etablieren.

Mit der Gründung verschiedener Massenorganisationen, die unter direkter japanischer Kontrolle standen, strebte man eine nachhaltige Indoktrinierung an. Es handelte sich dabei um das paramilitärische Jugendcorps Seinendan für Jugendliche zwischen 14 und 25 Jahren sowie um die Keibodan für die 25- bis 35-jährigen. Am Ende der japanischen Besatzung waren hier mehr als zwei Millionen Indonesier organisiert, die paramilitärisch ausgebildet und ideologisch indoktriniert wurden. In der Heiho schließlich rekrutierte Japan Indonesier als Hilfssoldaten für die reguläre kaiserliche Armee; bei Kriegsende waren es ca. 25 000.

Kooperation auf dem Weg zur Unabhängigkeit

Diese Verhältnisse stellten die indonesischen Nationalisten vor schwierige Entscheidungen. Sollten sie mit den Japanern kooperieren und vor den Leiden der eigenen Bevölkerung die Augen verschließen? Oder sollten sie sich verweigern, um sich nicht zu Kollaborateuren machen zu lassen? Mohammad Hatta und Soekarno entschieden sich für die Zusammenarbeit. Vor allem Soekarno sah die Angelegenheit nicht ideologisch, Unterschiede zwischen Demokratie und Diktatur waren für ihn relativ belanglos. Daher sah er auch den Zweiten Weltkrieg ausschließlich unter dem Gesichtspunkt der Auseinandersetzung zwischen zwei Machtblöcken.

Die Japaner gingen nach einiger Zeit selbst auf die Nationalisten zu. Anfängliche Überlegungen, islamische Kräfte für ihre Ziele einzuspannen, gaben sie schnell auf. Die Muslime erschienen ihnen unzuverlässig. Auch dies war eine wichtige Weichenstellung. Durch die Förderung der Nationalisten brachten die Japaner diese in eine bessere Position für die Phase gegen Ende der Besatzung. Daran änderte auch die Tatsache nichts, dass sie schließlich islamische Milizen aufstellten, die Hizbullah. Neben zwei Führungspersonen aus dem islamischen Bereich standen Soekarno und Hatta dann einer 1943 gegründeten nationalen Organisation vor, der Putera, ein Akronym für Pusat Tenaga Rakyat (Zentrum der Volkskraft). Aber auch hier waren die Japaner strikt darauf bedacht, der neuen Organisation keinerlei Kompetenzen einzuräumen. Es handelte sich somit um einen reinen Transmissionsriemen japanischer Besatzungspolitik.

Im Januar 1944 wurde Putera aufgelöst und an ihrer Stelle am 1. März 1944 die Jawa Hokokai («Vereinigung der Diener des Volkes») gegründet. Zwar war der Militärgouverneur deren Vorsitzender, aber Soekarno und Hatta wurden seine Hauptberater. Die Hokokai wurde bis auf die Mikroebene durchorganisiert, das heißt bis zu Nachbarschaftsvereinigungen von zehn bis zwanzig Familien. Auf diese Weise sollte möglichst die gesamte Bevölkerung Javas erfasst werden – zum Zwecke der Mobilisierung und Indoktrinierung, aber auch der Bespitzelung. Auch wenn das nicht überall reibungslos gelang, war hiermit ein Hebel geschaffen, der tatsächlich in der Lage war, große Bevölkerungsteile aus der politischen Abstinenz herauszuholen. Soekarno seinerseits nutzte nun die ihm zur Verfügung stehenden Mittel und warb auf zahlreichen Vortragsreisen für seine nationalistischen Ideen.

Spätestens ab Anfang 1944 wurde die Situation für die japanische Administration immer ungemütlicher. Zum einen war sie immer häufiger mit kleineren lokalen Revolten konfrontiert. Zum anderen musste es die japanische Verwaltung beunruhigen, dass im Rahmen der Hokokai die Nationalisten immer unverhohlener Propaganda für die indonesische Souveränität machten. Die japanische Führung sah sich daher zunehmend genötigt, zumindest verbale Zugeständnisse zu machen. Am 7. September 1944 versprach Premierminister Koiso die Unabhängigkeit für Ost-Indien und erwartete dafür die Dankbarkeit der Indonesier. Es gab aber weder einen Zeitplan noch konkrete einleitende Maßnahmen – Hinhaltetaktik also. Weitere militante Organisationen wurden durch die Japaner gegründet, wohl um die Kontrolle zu festigen und diese paramilitärischen Verbände gegebenenfalls für ihre Interessen einsetzen zu können. Dazu gehörte der Barisan Pelopor als Jugendorganisation der Hokokai, daneben aber auch ein neugegründeter militärischer Arm der Masyumi, die Barisan Hizbullah. Auf politischer Ebene wurde immerhin die Funktion der indonesischen Berater gestärkt, was unter anderem zur Gründung eines obersten Beratergremiums in Jakarta führte, des Dewan Sanyo.

Begleitet wurde diese innenpolitische Entwicklung von einem aussichtslosen Kriegsverlauf. Nach der fast völligen Vernichtung des Rests der japanischen Flotte vor Leyte Ende 1944 und der Wiedereroberung der Philippinen durch die Amerikaner Anfang 1945 waren die japanischen Streitkräfte in Indonesien praktisch abgeschnitten. Aus diesen Gründen fürchteten sie zunehmend, die Kontrolle zu verlieren. Das Resultat war ein weiteres innenpolitisches Entgegenkommen. Und so wurde im März 1945 das «Untersuchungskomitee zur Vorbereitung der indonesischen Unabhängigkeit» (Badan Penyelidik Usaha Persiapan Kemerdekaan Indonesia) ins Leben gerufen, dem auch Soekarno angehörte. Er hielt dort am 1. Juni eine denkwürdige Rede, in der er seine Idee von der künftigen Staatsordnung vortrug. Seine *Pancasila*, das bedeutet in Sanskrit «Fünf Prinzipien», gilt bis heute. Sie lautete in seiner Rede: 1. Nationalismus; 2. Internationalismus; 3. Konsensdemokratie; 4. soziale Gerechtigkeit; 5. Glaube an Gott. Diese ursprüngliche Reihenfolge änderte sich aber ziemlich schnell, denn die islamische Seite war zunächst keineswegs einverstanden, da dem Islam als Religion der großen Bevölkerungsmehrheit keine Sonderstellung zukam. Einige plädierten sogar offen für den islamischen Staat. Als Ergebnis der Auseinandersetzung wurde als Präambel die sogenannte Jakarta-Charta mit der geänderten Reihenfolge formuliert, in der nicht nur die Religion an erster Stelle genannt, sondern auch in Monotheismus umbenannt wurde, und die zudem alle Muslime verpflichtete, das religiöse Recht, die Scharia, einzuhalten. Die spätere Entfernung des Hinweises auf das islamische Recht aus der

Verfassung wurde dann zum fortwährenden Streitpunkt im unabhängigen Indonesien. Schließlich verabschiedete das Komitee eine vorläufige Verfassung mit einer sehr starken Position des Präsidenten und der Forderung, dass der zu schaffende Staat auch British Malaya und Nordborneo umfassen sollte.

Im Juli 1945, kurz vor ihrer Niederlage, kamen die Japaner zu dem Entschluss, dass Indonesien innerhalb weniger Monate die Unabhängigkeit erhalten sollte. Ein neues Vorbereitungskomitee mit konkreten Aufgaben und ähnlicher Besetzung wurde gegründet. Auf einem Treffen beim Oberkommandeur der japanischen Südstreitkräfte in Dalat/Südvietnam am 11. August wurde der Unabhängigkeitsbeschluss offiziell bestätigt, allerdings unter Ausschluss von Malaya und Nordborneo. Soekarno wurde Komitee-Vorsitzender, Hatta sein Stellvertreter. Am 14. August kehrten beide nach Indonesien zurück. Einen Tag später erfolgte die bedingungslose Kapitulation Japans.

Diese Situation konfrontierte die Indonesier mit einem politischen Vakuum, da die legalen Grundlagen der Machtübertragung weggefallen waren. Soekarno und Hatta zögerten, gerieten aber unter massiven Druck der jungen Revolutionäre, die sie zum Handeln zwangen. Daraufhin wurde die Unabhängigkeitserklärung formuliert und am folgenden Tag, dem 17. August 1945, vor Soekarnos Haus von ihm selbst verlesen. Sie war denkbar kurz: «Wir, das indonesische Volk, erklären hiermit die Unabhängigkeit Indonesiens. Alles, was mit der Machtübergabe usw. zusammenhängt, wird geordnet und so schnell wie möglich vollzogen werden. Jakarta, 17– 8–'05. Die Vertreter des indonesischen Volkes.» Die danach aufgesetzte offizielle maschinenschriftliche Form weicht nur geringfügig ab. Unter anderem wurde das japanische Jahr ('26)05 durch 1945 ersetzt. Der 17. August wurde nicht nur zum Nationalfeiertag Indonesiens. Er markiert auch den Beginn eines mehr als vierjährigen Unabhängigkeitskrieges gegen die kurz darauf zurückkehrenden Niederländer, die versuchten, mit Unterstützung alliierter Truppen ihre alte Kolonie wieder in Besitz zu nehmen. Bereits einen Tag nach der Unabhängigkeitserklärung nahm das Unabhängigkeitskomitee die unter japanischer Aufsicht erarbeitete Verfassung an und wählte Soekarno zum Präsidenten der «Republik Indonesien» und Hatta zum Vizepräsidenten.

Die Geschichte des unabhängigen Indonesien begann gleich mit einem Streit um die Verfassung und den Staatscharakter. Ursprünglich war, wie erwähnt, eine Präambel zur Verfassung vorgesehen, in der «Gottesglaube und die Verpflichtung für die Anhänger des Islam, die Scharia einzuhalten», als erstes Staatsprinzip formuliert wurde. Der Bezug auf die Scharia wurde dann aber entfernt, nicht zuletzt auch auf Drängen der Japaner, die darauf hinwiesen, dass damit der Einheitsstaat gefährdet sei. Die Vertreter des politischen Islam haben diese Entfernung immer als Verrat angesehen. In der Tat ist sie keineswegs eine Bagatelle, denn als Verfassungsprinzip hätte sie den zukünftigen Staat verpflichtet, sich in die religiösen Angelegenheiten seiner Bürger per Gesetz und Strafverfolgung einzumischen. Nicht nur wäre einer bestimmten Religion ein Sonderstatus zugesprochen worden, es wäre unter anderem das Recht auf freie Religionsausübung gefährdet gewesen, das heißt auch das Recht, die eigene Religion frei zu wählen. Dem widerspricht nämlich das Verbot der Apostasie im Islam. Die nachträgliche Einführung der Formulierung «Glaube an den Einen Gott» anstelle von «Gottesglaube» konnte die islamische Fraktion auch nicht besänftigen, obwohl auch diese Formulierung Ansätze für spätere Friktionen lieferte, da ja nach Auffassung vieler Muslime nur der Islam strikt monotheistisch ist und daher mit der Festlegung auf den Einen Gott nur der Islam gemeint sein kann.

Die Debatte um diese Jakarta-Charta ist bis heute virulent und trat nach dem Sturz Soehartos 1998 wieder stark in den Vordergrund. Als bleibendes Vermächtnis lässt sich aber festhalten, dass sich der indonesische Staat weder als rein säkular noch als religiös betrachtet. Das Prinzip des Glaubens an den Einen Gott sollte das Leitbild für Politik und Gesellschaft werden. Dementsprechend gibt es in Indonesien mehrere anerkannte Religionsgemeinschaften. Bei der Unabhängigkeit waren es nur drei, nämlich Islam, Katholizismus und Protestantismus. Später kamen Hinduismus, Buddhismus und seit dem Sturz Soehartos auch der Konfuzianismus hinzu.

Grundsätzlich gilt die Gleichberechtigung der genannten Religionen. Dass dies bei einem Anteil von ca. 87% Muslimen in der Praxis nicht immer unproblematisch ist, liegt auf der Hand. Zudem betrachten viele Muslime das Christentum als Ergebnis kolonialer Politik. Heute gibt es Gebiete, in denen sich bestimmte Religionen konzentrieren. Dazu gehören das schon erwähnte hinduistische Bali, daneben aber auch relativ geschlossen christliche Siedlungsgebiete wie die östlichen Kleinen Sundainseln, Nordsulawesi, Ambon, Teile Papuas usw. Oft sind nicht-islamische Religionen an bestimmte Ethnien gebunden, z. B. einige Batakvölker in Nordsumatra, Balinesen, Manadonesen, Papua, Nias usw.; Konfuzianer und Buddhisten sind meist Chinesen.

Revolutionen, Krieg und mühsame Einigung: Die Vereinigten Staaten von Indonesien

Vorerst war die Debatte um den Staatscharakter aber aufgeschoben, da die junge Republik mit anderen, existenziellen Problemen zu kämpfen hatte. Die Unabhängigkeitserklärung hatte auch fast fünf Jahre voller blutiger Revolutionen und Kriege in weiten Teilen Indonesiens eingeläutet.

Ein unabhängiges Indonesien war in den Kriegszielen der siegreichen Alliierten nicht enthalten. Eine niederländische Armee war zu jener Zeit praktisch nicht existent; Südostasien war unter zwei alliierte Kommandos aufgeteilt. Bezüglich der Kapitulation der Japaner war vorgesehen, dass britische Truppen im Westteil und australische im Ostteil des Archipels die Entwaffnung der japanischen Armee vornehmen sollten. Die Unabhängigkeitserklärung wurde schlicht nicht beachtet und als Aktion einiger indonesischer Intellektueller im Zusammenhang mit japanischen politischen Manövern angesehen. Die Alliierten hatten die Kapitulation nicht so schnell erwartet und brauchten daher einige Wochen, um auf den indonesischen Inseln zu landen. Auf den kleinen Inseln im Osten und auf Borneo gab es keine größeren Probleme. Auf Sumatra und vor allem auf Java hatten die wenigen Wochen aber ausgereicht, dass republikanische Kräfte Behörden und andere staatliche Einrichtungen übernehmen konnten. Außerdem hatten viele japanische Kommandeure entgegen den Kapitulationsbestimmungen ihre Waffen den Nationalisten überlassen. Eine waffentechnisch weit unterlegene nationale Miliz leistete den britischen Truppen bei ihrer Landung auf Java am 11. November 1945 unerwarteten und heftigen Widerstand. Das blieb bei den Alliierten nicht ohne Eindruck, und man begann die Indonesier ernst zu nehmen. Die Schlacht von Surabaya ging in die Geschichtsbücher ein.

Die holländischen Beamten und Militärs, die den Engländern auf dem Fuß folgten, fanden unter den Indonesiern keinerlei Unterstützung. Die holländisch-alliierte Allianz kontrollierte, anders als auf den Außeninseln, bis 1946 nur kleine, wenn auch wichtige Gebiete auf Java und Sumatra: einen Landstreifen von Batavia/Jakarta nach Bandung, die Städte Semarang und Surabaya an der Nordküste und auf Sumatra die Städte Medan, Palembang und Padang. Seitens der republikanischen Regierung wurde keine zentrale Kontrolle ausgeübt, es gab auch keine zentral befehligten Streitkräfte. Die Republik war sogar bereit, den Holländern entgegenzukommen und ihre Interessen zu berücksichtigen – für den Fall, dass Indonesien tatsächlich als unabhängig anerkannt werde. Insgesamt gab es die Befürchtung, in einer Konfrontation mit den alliierten Streitkräften nicht bestehen zu können. Die Engländer hatten aber kein Interesse, sich in Indonesien in einen Kolonialkrieg hineinziehen zu lassen, den sie überdies auch noch für andere führen sollten. Ab März 1946 begannen die Briten mit dem Abzug ihrer Truppenkontingente.

Gleichzeitig breitete sich in dem Machtvakuum, das in weiten Teilen des Landes herrschte, Anarchie aus. Soziale Unruhen, Gangstertum und illegale bewaffnete Gruppen führten zu einem explosiven Gemisch, das in einigen Landesteilen tatsächlich explodierte. Dazu zählten einige Gebiete der Nordküste Mitteljavas, eine Region östlich von Jakarta sowie Banten ganz im Westen. Während die republikanischen Kräfte die Situation in Mitteljava (Tiga Daerah) und bei Jakarta (Krawang) relativ schnell bereinigten, blieb die Situation in Banten außer Kontrolle und entwickelte sich im Laufe der Jahre zu einer ernsten Herausforderung für die Republik.

Das nördliche Sumatra wurde mit voller Wucht von einer sozialen Revolution getroffen. In Aceh hatten sich die *Uleëbalang*, die traditionellen Führer, erst unter holländischer Herrschaft und dann unter den Japanern vollends als Kollaborateure diskreditiert. Als man diesen dann unterstellte, sie würden die Rückkehr der Holländer vorbereiten, kam es zum Bürgerkrieg. Lokale religiöse Führer übernahmen die Macht, die *Uleëbalang* wurden größtenteils getötet und als soziale Schicht eliminiert. In den Plantagengebieten des nördlichen Ostsumatra fand ebenfalls eine Revolution statt. Sie richtete sich gegen die malaiischen Sultane, die unter den Holländern reich geworden waren und ihre Ländereien den ausländischen Konzernen zur Verfügung gestellt hatten. Auch sie wurden getötet oder zumindest abgesetzt.

Damit hatte ein Prozess begonnen, der schließlich mit der politischen Entmachtung aller aristokratischen Führer endete, allerdings mit einer wichtigen Ausnahme: Das Sultanat von Yogyakarta hat bis heute als Sonderverwaltungsgebiet Bestand.

Mit der Unabhängigkeitserklärung hatte Indonesien noch lange keinen ausdifferenzierten und funktionierenden Staat. Grundlegende Fragen blieben ungeklärt. Soekarno liebäugelte beispielsweise mit einem Einparteienregime, bekam dafür aber keine Mehrheit. Am 22. August 1945 war das Zentrale Indonesische Nationalkomitee (Komite Nasional Indonesia Pusat, KNIP) gegründet worden, das bis zur Einrichtung zentraler Staatsorgane dem Präsidenten in beratender Funktion zur Seite stehen sollte. Sutan Sjahrir, ein alter Weggefährte Hattas und Begründer der späteren Sozialisti-

Tänzer am Hof von Yogyakarta, um 1885

schen Partei Indonesiens (Partai Sosialis Indonesia, PSI), betrieb mit einigen Anhängern die Umwandlung des KNIP in ein legislatives Organ. Ein Arbeitskomitee sollte die täglichen Geschäfte des Organs leiten und diesem verantwortlich sein. Statt eines Einparteiensystems mit einer starken Stellung des Präsidenten führte Sjahrir über das KNIP am 3. November 1945 ein Mehrparteienregime ein, das dann für mehr als zehn Jahre Bestand haben sollte. Am 14. November schließlich setzte Soekarno Sutan Sjahrir als ersten Premierminister ein.

Die junge Republik war in keiner einfachen Lage. In der kurzen Zeit war es unmöglich gewesen, die Kontrolle über das ganze Land zu erringen und eine effektive Verwaltung und ein einheitliches Militär mit funktionierender Kommandostruktur aufzubauen. Zum

Glück für die Nationalisten war auch die holländische Verwaltung nach dem Krieg in keiner starken Position. Um sich zu stabilisieren und Zeit zu gewinnen, nahm die Republik, auch unter englischem Druck, Verhandlungen mit den Holländern unter ihrem Generalgouverneur Hubertus van Mook (reg. 1942–1948) auf. Viele der Revolutionäre waren gegen diese Verhandlungen und probten den Aufstand. Einer ihrer Anführer war Tan Malaka, ehemaliger Kommunist und nun Linkssozialist, der später seine eigene Partei Murba gründete. Durch ihre Zersplitterung waren die Revolutionäre aber keine Alternative zur republikanischen Führung. Tan Malaka wurde verhaftet, die Verhandlungen mit den Holländern gingen weiter. Die Spaltung der republikanischen Kräfte hatte beträchtliche Auswirkungen. Zum einen zeigte sich die Schwäche der Regierung, zum anderen war dies für Soekarno die Gelegenheit, seine zentrale Position wiederherzustellen. Erst auf seine Appelle hin wurde der zeitweilig von Gegnern entführte Sjahrir wieder freigelassen.

Die Verhandlungen endeten am 12. November 1946 im Abkommen von Linggajati. Es sah die Bildung eines föderalen indonesischen Staates zum 1. Januar 1949 vor, der aus der Republik sowie den noch zu gründenden Teilstaaten Borneo und Großer Osten bestehen sollte. Die Vereinigten Staaten von Indonesien wiederum sollten Teil eines Staatenverbundes unter der holländischen Krone sein. Das Abkommen hatte keinerlei Aussicht auf Verwirklichung, da keine Seite es in ihrem jeweiligen Lager durchsetzen konnte. Jede Seite empfand, zu viele Kompromisse eingegangen zu sein. Die Bedeutung des Abkommens bestand letztlich in einem Zeitgewinn für beide. Außerdem war es ein Teilerfolg für die Republik, da sie nun als politische Einheit und Verhandlungspartner anerkannt wurde, auch von den Holländern. Nach der Unterzeichnung des Vertrages am 25. März 1947 wurde die Republik unter anderem von Großbritannien und den USA diplomatisch anerkannt. Sjahrir hatte inzwischen die Mehrheit in der KNIP verloren. Er musste zurücktreten und wurde durch Amir Sjarifuddin (gest. 1948) ersetzt, ebenfalls ein linker Politiker, der zur Zeit der japanischen Besatzung den Widerstand organisiert hatte.

Für die Niederlande war der erreichte Zustand in keiner Weise zufriedenstellend. Ihr Verwaltungs- und Militäraufwand war enorm, während die Republik die wirtschaftlich attraktivsten Gebiete beherrschte. Sie stellten der Republik ein Ultimatum, in dem sie die vorläufige Souveränität der Niederlande über ganz Indonesien einschließlich der Präsenz holländischer Streitkräfte auf republikanischem Territorium verlangten. Nach Ablauf des von vornherein aussichtslosen Ultimatums begannen die Holländer am 21. Juli 1947 ihre erste sogenannte «Polizeiaktion». Von ihren Stützpunkten auf Java und Sumatra aus gelang es ihnen, rasch vorzustoßen. Auf Sumatra besetzten sie die Plantagenregion um Medan und die Erdölfördergebiete um Palembang, auf Java verlor die Republik einen Großteil ihrer Territorien. Am 4. August kam es auf Druck der Vereinten Nationen zu einem Waffenstillstand. Die Holländer stellten ihren Feldzug ein, durften aber über die van Mook-Linie die von ihnen besetzten Gebiete miteinander verbinden. Starke republikanische Kräfte blieben jedoch hinter den holländischen Linien aktiv. Im Renville-Abkommen vom Januar 1948 wurden die holländischen Eroberungen anerkannt, und der Linggajati-Prozess sollte wieder auf den Weg gebracht werden.

Massive Proteste gegen das Abkommen zwangen Amir Sjarifuddin ebenfalls zum Rücktritt. Soekarno nutzte das zur Stärkung seiner eigenen Position. Er setzte Hatta zur Führung eines Notkabinetts ein, das nicht mehr der KNIP, sondern dem Präsidenten verantwortlich war. Mit diesem zentristischen Kabinett, dem neben der islamischen Masyumi und der PNI auch Einzelpersonen angehörten, war die linke Episode vorbei.

Das Parteiensystem hatte sich zu diesem Zeitpunkt bereits ausdifferenziert. Die islamische Einheitsorganisation Masyumi aus der japanischen Zeit hatte sich als Partei reorganisiert. Die PNI hatte sich neu gegründet und war nun unangefochten stärkste Kraft der Nationalisten. Die Linke war zersplittert in mehrere Organisationen. Am einflussreichsten waren die PKI und die Partai Sosialis (PS), die von Amir Sjarifuddin und Sjahrir gemeinsam geführt wurde. Die Linke zersplitterte sich noch mehr nach Amirs Rücktritt als Ministerpräsident. Er versuchte nun gemeinsam mit der wiedererstarkten PKI eine neue linke Opposition aufzubauen. Sjahrir gründete im Februar 1948 mit der Partai Sosialis Indonesia (PSI) seine eigene Sozialistische Partei und unterstützte das Kabinett Hatta.

Die neue republikanische Führung versuchte, den Einfluss der Linken, besonders der Kommunisten, und auch den der radikalen Muslime zurückzudrängen. Das Renville-Abkommen war dazu ein Hebel. Anlässlich der Verlegung der republikanischen Truppen aus den holländisch beherrschten Gebieten in die verbliebenen republikanischen ließ sich die Zahl der bewaffneten Gruppen reduzieren. Mehrere Einheiten sollten aufgelöst werden, vor allem kommunistische und islamische. In diesem Zusammenhang kam es zu Auseinandersetzungen zwischen der regierungstreuen Siliwangi-Division und der kommunistisch orientierten 4. Division, was mit der Niederlage der letzteren endete. Dies wiederum war der Auslöser für die Machtübernahme der Kommunisten in der Großstadt Madiun am 17. September 1948. Die nachfolgenden Auseinandersetzungen wurden mit großer Brutalität geführt, Tausende von Menschen starben. Musso, eben erst aus dem Exil zurückgekehrter PKI-Chef, wurde erschossen, ebenso der verhaftete ehemalige Ministerpräsident Amir Sjarifuddin. Diese Ereignisse schwächten die Linke für die nächsten Jahre ganz erheblich, obwohl die PKI nicht verboten wurde. Die drastische Unterdrückung des kommunistischen Rebellionsversuchs durch die Regierung brachte dieser die Sympathien der USA ein, die im einsetzenden Kalten Krieg weltweit einen Feldzug zur Eindämmung des Kommunismus begonnen hatten. Spätestens seit diesen Ereignissen hatte die republikanische Führung auf internationaler Ebene die Unterstützung der Amerikaner. Für das zukünftige politische Klima war die sogenannte Madiun-Affäre ebenfalls von großer Bedeutung. Die Kommunisten galten nun in den Augen vieler als Verräter. Und die Führer der zukünftigen Nationalarmee, von denen viele aus der involvierten Siliwangi-Division stammten, hatten von nun an eine strikt antikommunistische Einstellung. Madiun wird daher von einigen Beobachtern als eine Art Vorläufer für die landesweiten Massaker an den Kommunisten von 1965 gesehen.

Die Niederlande sahen die Auseinandersetzungen im republikanischen Lager als Zeichen der Schwäche an. Die raschen Erfolge der ersten «Polizeiaktion» hatten sie zudem zu der Überzeugung kommen lassen, dass ein militärischer Erfolg gegen die Republik greifbar war. Nach einem neuen Ultimatum mit unerfüllbaren Forderungen griffen die Niederlande am 19. Dezember 1948 erneut die Republik an. Die Hauptstadt der Republik, Yogyakarta, wurde schnell besetzt und die Staatsführung gefangen genommen. Mit zwei Folgen ihres Eingreifens hatten die Holländer aber nicht gerechnet: Zum einen stießen sie auf heftigen internationalen Widerstand. Die USA drohten gar, die Marshallplanmittel für die Niederlande zu streichen. Zum anderen verlegte sich die republikanische Armee auf den Guerillakrieg und zog so eine Auseinandersetzung in die Länge, in der die Zeit nicht für die Holländer arbeitete. Sie hatten sich aus politischen, militärischen und finanziellen Gründen auf einen schnellen Erfolg eingestellt.

Die Niederlande sahen sich trotz ihrer militärischen Erfolge gezwungen, an den Verhandlungstisch zurückzukehren. Im Roem-van-Royan-Abkommen verpflichteten sich beide Seiten, die Verhandlungen über die Unabhängigkeit weiterzuführen. Die republikanische Staatsführung wurde wieder in ihre Funktionen eingesetzt. In der Zwischenzeit hatten die holländischen Führungen in den von ihnen kontrollierten Gebieten zahlreiche Marionettenstaaten geschaffen, die alle Teil der Vereinigten Staaten Indonesiens und der Konföderation werden sollten. Die politische Landkarte erinnerte an den politischen Flickenteppich vor der japanischen Besatzung. Insgesamt handelte es sich auf holländischer Seite um 15 Staaten und andere politische Entitäten.

Das indonesische Nationalmonument («Monas») wurde 1975 fertiggestellt.

Vom 23. August bis 2. November 1949 fanden in Den Haag die letzten Verhandlungen auf der «Konferenz am Runden Tisch» statt. Nach diesem Abkommen waren die Vereinigten Staaten von Indonesien nur ein bedingt unabhängiger Staat. Sie sollten Teil der Niederländisch-Indonesischen Union werden. Die Niederlande behielten sich umfangreiche Rechte in Indonesien vor. So sollte das holländische Eigentum geschützt werden. Außerdem musste sich Indonesien verpflichten, die Schulden der Kolonialregierung zu übernehmen. Am 27. Dezember 1949 unterzeichnete Königin Juliana die Souveränitätsübergabe an Indonesien, mit Ausnahme Neuguineas, das vorerst holländische Kolonie blieb. Die Republik stellte zweifellos den wichtigsten Teil der Konföderation. Sie beschränkte sich allerdings auf Teile Javas und den größten Teil Sumatras. Der Rest verteilte sich auf große bis sehr kleine Teilstaaten und autonome Regionen. Unter den kleinen waren Madura, Bangka und Belitung, zu den größeren zählte Ostindonesien (Negara Indonesia Timur).

Wenn die Niederländer jedoch geglaubt hatten, dass die Republik innerhalb des Staatsverbandes rasch an ihren Problemen zerbrechen würde und dass sie selbst weiterhin entscheidenden Einfluss über die vielen Kleinstaaten ausüben könnten, dann hatten sie sich empfindlich getäuscht. Dennoch war der junge Staat mit enormen Problemen konfrontiert, die nur mit größter Mühe gelöst werden konnten. Man kann in der Geschichtsschreibung nicht fragen, was wäre, wenn … Trotzdem sei die Spekulation erlaubt, ob es überhaupt zu einem Einheitsstaat in den ehemaligen kolonialen Grenzen gekommen wäre, wenn sich nicht einige Teile – so zum Beispiel die christlichen Molukken – auf den föderalen Charakter verlassen hätten, der ihnen eine gewisse Eigenständigkeit versprach.

8. Die Konsolidierung des Staates unter Soekarno, bis 1965

Die Unabhängigkeit führte keineswegs zu einem breiten Konsens in der Bevölkerung, und zwar aus mehreren Gründen: Viele Indonesier, darunter radikale Nationalisten und Anhänger einer islamischen Staatsform, waren mit den Kompromissen, die die Republik eingegangen war, nicht einverstanden. In erster Linie war Indonesiens Verbleib in einer niederländisch-indonesischen Union umstritten. Andere Gruppierungen sahen prinzipiell in einem Verbleib im indonesischen Staatsverband eine große Gefahr, da sie fürchteten, dass der Föderalismus bald abgeschafft und sie in einem Einheitsstaat marginalisiert werden würden. Mit Recht: So brach schon bald eine Rebellion auf den Molukken aus, wo am 25. April 1950 die Republik der Südmolukken (Republik Maluku Selatan, RMS) ausgerufen wurde. Dieser separatistische Alleingang wurde aber nach wenigen Monaten unter Kontrolle gebracht. In der Folge emigrierten viele Molukker in die Niederlande, wo sie bzw. ihre Nachkommen heute noch im Exil leben. Des Weiteren machte sich bei den Guerillaverbänden Unzufriedenheit breit, denn sie sollten demobilisiert werden und sahen dies als Verrat an ihren Leistungen und Erwartungen. Dies betraf vor allem Verbände in Südsulawesi, die ihre Entwaffnung verweigerten und sich stattdessen in die Berge zurückzogen.

Der junge Staat stand anfangs somit vor existenziellen Herausforderungen. Vor allem die immer noch starken Einflussmöglichkeiten der Niederlande erschienen der großen Mehrheit untragbar. Im Verlauf des Jahres 1950 erwiesen sich die meisten kleinen Teilstaaten als schwach, so dass sie sich der Republik anschlossen.

Schließlich blieben nur noch die Republik, Ostsumatra und Ostindonesien übrig. Hatta, als erster Premierminister des unabhängigen Indonesien, berief ein Komitee ein, das einen Einheitsstaat mit einer neuen Verfassung vorbereiten sollte. Am 14. August nahm die neue Verfassung die letzte parlamentarische Hürde. Damit war die kurze Phase der Vereinigten Staaten von Indonesien beendet. Indonesien war nun ein Einheitsstaat mit parlamentarischer Demokratie und mit vorläufig zehn Provinzen.

Darul Islam und der Islamische Staat in Westjava

Von größerer Brisanz waren aber die Konflikte, die sich mit den Muslimen ergaben, die sich um ihren islamischen Staat betrogen sahen. Die Auseinandersetzung reichte, wie gesehen, in die Zeit der Unabhängigkeitskriege zurück und belastete nun als Aufstand die Republik bis Anfang der sechziger Jahre. Er ging als Darul-Islam-Bewegung in die Geschichte ein. Ihr Anführer Kartosuwirjo Sekarmadji Maridjan (gest. 1962) war ursprünglich ein Sarekat-Islam-Politiker, der während der japanischen Besatzungszeit in den Untergrund ging. Auch während des Unabhängigkeitskrieges gegen die Niederländer führte er eigene islamische Verbände in Westjava an. Im Kriegsverlauf entwickelte sich, vor allem nach dem Renville-Abkommen, ein feindseliges Verhältnis zu Soekarnos Republik, die er nicht anerkannte. Am 7. August 1949 deklarierte Kartosuwirjo daher den Islamischen Staat Indonesien (Negara Islam Indonesia, NII) mit sich selbst als Imam. In der Folgezeit gelang es Kartosuwirjo, in Westjava einen Staat im Staat zu errichten. Die Religion wurde das entscheidende identitätsstiftende Element, das ein formalisiertes Verhalten bezüglich islamischer Vorschriften und persönliche Loyalität gegenüber Kartosuwirjo forderte. Die «Anderen», also die Republikaner und die die Republik unterstützenden Muslime, wurden als unislamisch, fremd, abweichlerisch usw. dämonisiert und abqualifiziert. Zwar wollten viele Muslime, vor allem islamische Organisationen und Parteien, den islamischen Staat. Diesen galt es allerdings im Rahmen der Republik und mit parlamentarischen Mitteln zu erreichen. Um die Loyalität ihm gegenüber zu sichern, reicherte Kartosuwirjo selbst die Ideologie seiner Bewegung immer mehr mit eigentlich un-islamischen Elementen an. Zum Repertoire zählten Zeichen des Himmels, Omina, Einsatz von Amuletten und Magie, dazu Gerüchte, er sei der Ratu Adil (islamisch-indonesische Variante des Heilsbringers) oder zum Kalifen vorherbestimmt. Durch die religiöse Überhöhung des Führers und dessen damit verbundene Unangreifbarkeit nahm die Bewegung eine Richtung zu Totalitarismus und auch Terrorismus, bei dem auch Muslime selbst und ihre Moscheen Ziel von Mordanschlägen und Plünderungen wurden.

Kartosuwirjos Kombattantengruppen drifteten, wie so oft bei lang andauernden Guerillakämpfen, in das Bandentum ab. Einschüchterung, Bedrohung und Plünderungen machten der westjavanischen Bevölkerung das Leben zur Qual. Anfangs ging der indonesische Staat nicht konsequent gegen den NII vor. Man hatte einerseits Angst, den Aufstand weiter anzufachen, indem aus hartem Durchgreifen Sympathien für den NII erwachsen könnten. Außerdem tat sich der islamische Ministerpräsident Mohamad Natsir (reg. 5.9.1950–26.4.1951, gest. 1993) schwer, gegen eine Bewegung vorzugehen, die islamisch motiviert war. Erst nach der Einführung der sogenannten «gelenkten Demokratie» 1957 durch Soekarno strebte der Staat eine endgültige Lösung an. 1962 wurde Kartosuwirjo schließlich verhaftet und in einem Prozess wegen Hochverrats zum Tode verurteilt.

Sonderrechte für Aceh

Ein weiterer Unruheherd, der Indonesien bis ins 21. Jahrhundert erhalten blieb, war das traditionell eigen- und widerständige Aceh. Aceh hatte nach seiner sozialen Revolution und der Übernahme der Führung durch die islamischen Rechtsgelehrten Sympathien gegenüber der Republik gezeigt und diese unterstützt, wobei die Holländer sich nach der japanischen Besatzung gar nicht erneut nach Aceh trauten. 1948 hatte Soekarno den Acehern die Selbstverwaltung in einer eigenen Provinz zugesichert. Dieses Versprechen brach er nach der Unabhängigkeit: Aceh wurde als Provinz mit Nordsumatra zusammengefasst. Die Zusammenlegung mit den christlichen Batak war für die Aceher ein Affront, da sie erstens nicht gefragt worden waren und zweitens damit ihre kulturelle und religiöse Eigenständigkeit in Gefahr sahen. Als nächster Schritt wurden die regionalen Streitkräfte durch Truppen der Republik ersetzt. Die Spannungen kulminierten, als 1953 die damalige linke Regierung Sastroamidjojo versuchte, die acehische Führung auszubooten. Auf das Gerücht hin, dass die Führungselite Acehs verhaftet werden sollte, brach unter der Regie des charismatischen Daud Beureueh (gest. 1987) der offene Aufstand aus. Aus taktischen Gründen schloss sich Aceh dann dem Islamischen Staat Kartosuwirjos an. Nach Jahren erbitterten Guerillakrieges ging die Führung in Jakarta auf Aceh zu und gewährte 1959 einige Rechte. Unter anderem wurde Aceh als selbständige Provinz mit Sonderrechten wiederhergestellt. Eine endgültige Befriedung war damit aber nicht erreicht, denn das spätere Soeharto-Regime ließ alle Sonderrechte wieder zu Makulatur werden, was Mitte der siebziger Jahre in einen neuen Aufstand mündete.

Gelähmte parlamentarische Demokratie

Laut Verfassung von 1950 war Indonesien eine repräsentative Demokratie. Allerdings gab es bis 1955 gar kein gewähltes Parlament. Die Voraussetzungen für eine parlamentarische Demokratie waren in Indonesien eher ungünstig. Es gab zwar in vielen Gemeinschaften die Tradition der Beratung und des Aushandelns. Diese war aber auf dörfliche Angelegenheiten beschränkt und nicht automatisch auf größere politische Zusammenhänge übertragbar. Die Masse der Bevölkerung lebte auf den Außeninseln noch in tribalen Gemeinschaften und auf Java und teilweise auch auf Sumatra unter aristokratisch-hierarchischen Verhältnissen. Die politische Elite bestand aus einem relativ kleinen Zirkel, der sich auf die Hauptstadt konzentrierte. Und die städtische Bevölkerung brachte die Erfahrungen einer kolonialen Apartheid-Gesellschaft und die eines Polizeistaates mit. In holländischer Zeit hatte es keinerlei Experimente mit politischer Partizipation gegeben, während der japanischen Besatzung schon gar nicht.

Das Parteiensystem knüpfte an das der Vorkriegszeit an. Zwar trat auf islamischer Seite die von den Japanern ins Leben gerufene Masyumi als islamische Einheitspartei an. Dies währte aber nicht lange. 1947 spaltete sich die Partai Sarekat Islam Indonesia (PSII) ab, 1952 folgte wegen interner Streitigkeiten über zu vergebende Kabinettsposten die traditionalistische Nahdlatul Ulama (NU), die von einer kulturellen Organisation zu einer politischen Partei geworden war. Es gab ferner jeweils eine katholisch und eine protestantisch orientierte Partei. Die PNI, der Soekarno entstammte, war die einzige Partei, die im ganzen Land quer durch alle Religionen und Ethnien über große Gefolgschaft verfügte. Im linken Spektrum gab es die PSI von Sjahrir sowie die von Tan Malaka gegründete Murba. Tan Malaka selbst war im Februar 1949 nach seiner Gefangennahme durch holländische Truppen von diesen kaltblütig ermordet worden. Die Kommunisten konnten sich von ihrer Niederlage während der Madiun-Affäre wieder erholen. Anfang 1951 übernahmen junge Kader die Führung in der PKI und begannen einen pragmatischen Kurs. Unter ihrem Generalsekretär Aidit konnten sie ihre Basis, die hauptsächlich aus städtischer Arbeiterschaft und Plantagenarbeitern bestand, beträchtlich erweitern und auch auf dem Land bei den armen Bauern Fuß fassen.

Soekarnos zentristischer Kurs und der Umstand, dass es wegen fehlender Wahlen keine echte Proportionalität gab, ermöglichten immerhin die Integration unterschiedlichster Kräfte und Parteien in die Regierungsarbeit. Die Sitze im Parlament waren nach angenommener Stärke vergeben worden. So hatte die Masyumi beispielsweise die meisten Sitze. Das bedeutet nicht, dass stets Harmonie herrschte; die einzelnen Kabinette waren recht kurzlebig. Im April 1953 wurde ein Wahlgesetz verabschiedet und der Termin für Parlamentswahlen auf September 1955 festgelegt. Damit hoffte man, endlich klare politische Verhältnisse zu schaffen. Erst einmal führten die geplanten Wahlen aber zu heftigen Auseinandersetzungen, da nun die Parteien gezwungen waren, eine Massenbasis zu suchen und Wähler zu mobilisieren. Viele erwarteten eigentlich einen überwältigenden Wahlsieg der Masyumi.

In der Außenpolitik hatte sich in der ersten Hälfte der fünfziger Jahre ein langsamer Wandel vollzogen. Die internationale Politik war geprägt gewesen vom Entstehen der Blöcke und vom Kalten Krieg. Indonesien wollte sich nicht in einen der Blöcke einbinden lassen. Das Kabinett Sukiman Wirjosandjojo (April 1951 bis Februar 1952) stürzte sogar, als der Außenminister einen Geheimvertrag mit den USA abschloss. China hatte sich inzwischen aus dem Ost-West-Konflikt herausgelöst und öffnete sich den nicht-kommunistischen asiatischen Ländern. Dadurch kamen erste Vereinbarungen zwischen China und Indonesien zustande. 1953 schickte Indonesien seinen ersten Botschafter nach Peking. Bedeutendstes außenpolitisches Ereignis war zweifellos die Bandung-Konferenz 1955 von 29 afrikanischen und asiatischen Staaten, auf der es Indonesien und seinem Präsidenten Soekarno gelang, sich als führende Macht der Blockfreienbewegung darzustellen. Am Rande der Konferenz schlossen die Volksrepublik China und Indonesien ein Staatsbürgerschaftsabkommen für die chinesischen Einwohner Indonesiens.

Die im September 1955 durchgeführten Wahlen waren in dreierlei Beziehung bemerkenswert: Die Wahlbeteiligung war mit über 90 Prozent der registrierten Wähler sehr hoch, es waren die einzigen freien Wahlen für die nächsten 45 Jahre, und das Ergebnis war überraschend. Der erwartete haushohe Wahlsieg der Masyumi blieb nämlich aus. Mehr noch: Alle islamischen Parteien zusammen erhielten keine Parlamentsmehrheit. Die PNI wurde die einzige politische Kraft, die im ganzen Staatsgebiet in der Lage war, viele Wähler an sich zu ziehen. Vier Parteien hatten mit Abstand den größten Stimmenanteil: PNI 22,3 Prozent, Masyumi 20,9 Prozent, NU 18,4 Prozent, PKI 16,4 Prozent. Damit hatte keines der beiden Lager – weder das islamische noch das säkulare – eine Mehrheit. Dieses Patt spiegelte sich auch in der im Dezember gewählten Verfassunggebenden Versammlung, die eine neue indonesische Verfassung ausarbeiten sollte. Die Gegensätze zwischen den beiden Lagern bezüglich ihrer Auffassungen zum Charakter des Staates machten eine Einigung unmöglich. Die fruchtlosen Debatten diskreditierten das ganze parlamentarische System – eine Lähmung, die letztlich Soekarno in die Hände spielte. Dieser hatte ebenso wie das Militär Vorbehalte gegen die parlamentarische Demokratie und bevorzugte stattdessen ein Präsidialsystem mit einem starken Präsidenten.

Zur gleichen Zeit wuchsen die Probleme im Land. Der Wirtschaft ging es schlecht, Korruption und Vetternwirtschaft blühten. Daneben gab es ethnische Spannungen, die sich teilweise gewaltsam vor allem gegen die chinesische Minderheit, die in Krisenzeiten oft als Sündenbock herhalten musste, entluden. Hinzu kam eine Entfremdung zwischen Java und den Außeninseln, da diese sich in jeder Hinsicht, auch ethnisch und wirtschaftlich, benachteiligt fühlten. Die politischen Eliten stammten größtenteils von Java und Sumatra, und auch die wirtschaftliche Entwicklung konzentrierte sich auf diese beiden Inseln. Vizepräsident Hatta war nicht länger bereit, Soekarnos Politik mitzutragen. Während Hatta den Ausweg aus der parlamentarischen Krise in einer Stärkung der parlamentarischen Demokratie sah, liebäugelte Soekarno mit der Abschaffung oder zumindest der Einflussbegrenzung der Parteien. Der Rücktritt Hattas am 20. Juli 1956 war der Vorbote einer krisenhaften Entwicklung, die schließlich in die Militärdiktatur Soehartos mündete.

Die Unruhe in den Außenprovinzen fiel zusammen mit Aufruhr in den Streitkräften. Bis zu diesem Zeitpunkt war das Militär dort hauptsächlich aus einheimischen Einheiten zusammengesetzt. Es bestand also eine enge Verbindung mit der Bevölkerung und der lokalen Elite. Alle waren sich einig, dass die Benachteiligung durch die Zentrale aufhören müsste. Vor allem auf Sumatra bildeten sich lokale Räte, die sich gegen die militärische und zivile Führung in Jakarta richteten. Später folgte Sulawesi, wo der lokale Kommandeur die «Allgemeine Charta zum Kampf» (Piagam Perjuangan Semesta Alam, Permesta) veröffentlichte. Unter diesem Akronym ging die Rebellion in die Geschichte ein. Permesta schloss sich Anfang 1958 der «Revolutionären Regierung der Republik Indonesien» (PRRI) an, die in Westsumatra gebildet worden war.

Kriegsrecht und Gelenkte Demokratie

Der Oberbefehlshaber der Armee, General Nasution, drängte nun Soekarno, das Kriegsrecht zu verhängen. Das kam diesem durchaus entgegen. Er hatte bereits am 21. Februar seine Idee von der «Gelenkten Demokratie» dargelegt, die – wie er meinte – eher dem indonesischen Charakter entspreche als die Parteiendemokratie. Die Regierung sollte auf Kooperation beruhen und von einem Nationalrat aus «funktionalen Gruppen» beraten werden. Darunter verstand Soekarno Vertreter der organisierten Arbeiter, Bauern, Religionen, Regionen usw. Damit wäre die Demokratie westlicher Prägung beseitigt gewesen. Das Kriegsrecht ermöglichte nicht nur, dass Soekarno die parlamentarische Demokratie abschaffte, sondern gab auch der Militärführung die Gelegenheit, ihre inneren Probleme selbst und ohne Einmischung der Politiker zu regeln. Das verhängte Kriegsrecht währte sechs Jahre, die das Militär nutzte, um seine eigene Position in Politik und Gesellschaft massiv zu stärken.

Am 8. April 1957 hatte Soekarno sein erstes Kabinett unter Djuanda Kartawidjaja eingerichtet, das seinen Vorstellungen von gelenkter Demokratie entsprach. Er hatte dabei die Unterstützung der Kommunisten und Nationalisten, aber nicht die der Masyumi und der Sozialisten. Dieses Kabinett bestand aus Parteilosen. Ein Nationalrat wurde im Mai per Notverordnung eingerichtet. Die Situation im Land spitzte sich zu, als Pro-Soekarno-Kräfte eine Niederlage Indonesiens in der UNO bezüglich der Neuguinea-Frage zum Anlass nahmen, holländische Besitzungen anzugreifen und zu besetzen. Die Übernahmen erfolgten chaotisch. Dies nahm Armeeführer Nasution zum Anlass, selbst die Verwaltung der ehemals holländischen Besitzungen zu übernehmen. Damit entstand eine ökonomische Rolle des Militärs, die es bis heute beibehalten hat und die nicht nur der Misswirtschaft, sondern auch der Korruption Tür und Tor öffnete. Nasution ging sogar so weit, einen seiner Stellvertreter zum Leiter der neu gegründeten nationalen Ölgesellschaft zu machen.

Die «Revolutionäre Regierung» PRRI und die Permesta-Bewegung gingen im Februar 1958 zur offenen Rebellion über und forderten den Rücktritt Soekarnos, die Einrichtung eines Kabinetts unter Hatta und die Auswechslung der Armeeführung. Die Rebellion wurde ziemlich schnell von aus Java herbeigebrachten Truppen militärisch niedergeschlagen. Im Ergebnis verstärkte sich in Indonesien der Widerspruch zwischen der Zentrale in Jakarta und Java auf der einen Seite und den Außengebieten auf der anderen Seite. Von nun an wurden Javaner in führenden Positionen immer dominanter, und die ehemals auf allen wichtigen Ebenen präsenten Sumatraner, vor allem Minangkabau, wurden mehr und mehr marginalisiert. Die militärische Niederschlagung der Rebellion anstelle einer Verhandlungslösung verschlechterte das Verhältnis zu den USA, die weitgehend mit der Rebellion sympathisiert hatten. Dieses Verhältnis war ohnehin bereits angespannt, weil Soekarno inzwischen offen seine Sympathien für die Volksrepublik China zum Ausdruck brachte. Seine antiimperialistische Rhetorik wurde immer heftiger. Gleichzeitig wurde die PKI zu einer der wichtigsten Stützen der Gelenkten Demokratie. Obgleich Soekarno die Kommunisten hofierte, ließ er sie aber nie in tatsächliche Machtpositionen vorrücken.

Auf der anderen Seite brauchte die PKI Soekarno, weil ihr wichtigster Gegner, die Armee, sich selbst immer mehr Einfluss in der Gesellschaft verschaffte. Diese Gefahr wurde auch von Soekarno erkannt, so dass er das Kommando über Polizei, Luftwaffe und Marine selbst übernahm und damit über die wichtigsten Posten in diesen Teilstreitkräften bestimmen konnte. Der bürgerlichen Opposition entledigte sich Soekarno, indem er deren wichtigste Parteien, die Masyumi und die PSI, 1960 verbot. Offizielle Begründung war die Verwicklung von Führungskadern beider Parteien in die PRRI-Permesta-Revolte.

Bereits am 5. Juli 1959 hatte Soekarno die Rückkehr zur Präsidialverfassung von 1945 per Dekret verordnet. Damit war die Episode der parlamentarischen Demokratie auch verfassungsmäßig beendet. Die am nächsten Tag gebildete Regierung spiegelte dies wider: Ein Viertel der Sitze nahm das Militär ein, einen Großteil des Rests parteilose Anhänger des Präsidenten. Weitere staatliche Organe einschließlich eines Parlaments und eines Volkskongresses bildeten die Elemente einer Pseudodemokratie. Von letzterem ließ er sich im Mai 1963 zum Präsidenten auf Lebenszeit wählen. Seiner inklusiven, auf Konsens beruhenden Ideologie blieb Soekarno treu. Dies kam in seiner politischen Losung *Nasakom* zum Ausdruck – ein Akronym für *nasionalisme* (Nationalismus), *agama* (Religion), *komunisme* (Kommunismus).

Außenpolitischer Konfrontationskurs

In der Phase der gelenkten Demokratie spitzten sich die wirtschaftlichen Probleme dramatisch zu. Durch die politische Instabilität war das Vertrauen der Investoren dahin, die Verstaatlichungen trieben die betroffenen Unternehmen in den Ruin, Korruption und Vetternwirtschaft lähmten die Wirtschaft, Geldknappheit ließ die Infrastruktur verfallen, und zum Ende der Soekarnozeit war die Inflation auf mehr als 1000 Prozent gestiegen. Diese Probleme konnte

Soekarno nicht lösen. Daher war die außenpolitische Konfrontationspolitik, die die Massen mobilisieren sollte, gewiss auch ein Mittel, von den innenpolitischen Problemen abzulenken.

Eine der außenpolitischen Fragen, die als erste ins Zentrum rückte, war die immer noch ungelöste Neuguinea-Frage. 1960 ging Soekarno auf Konfrontationskurs gegenüber den Niederlanden und brach die diplomatischen Beziehungen im August ab. Anfang 1962 begann Indonesien dann mit kleineren Militäroperationen an den Küsten Neuguineas. Unter internationalem Druck, unter anderem auch von den USA, übergaben die Niederlande schließlich West-Neuguinea im Oktober desselben Jahres an eine UNO-Verwaltung, die sie ihrerseits im Mai 1963 an Indonesien übertrug mit der Maßgabe, dass nach fünf Jahren eine freie Wahl über die Zukunft des Territoriums entscheiden sollte. Die dann folgende Abstimmung war alles andere als frei: Statt eines allgemeinen Referendums ließ Indonesien Stammesälteste im Beisein der indonesischen Sicherheitskräfte für Indonesien abstimmen; keiner der Ältesten traute sich, mit Nein zu stimmen. So wurde West-Neuguinea schließlich 1969 unter dem Namen Irian Barat, später Irian Jaya, in den indonesischen Staat inkorporiert.

Die Unabhängigkeit Malayas bzw. Malaysias von Großbritannien wurde zu einem weiteren Katalysator außenpolitischer Verwerfungen, die Indonesien immer weiter in Konfrontation mit dem Westen brachten. Schon 1957 war die Föderation Malaya ins Leben gerufen worden, die die Teilstaaten der Malaiischen Halbinsel mit Ausnahme Singapurs umfasste, 1963 wurden die restlichen britischen Besitzungen mit Ausnahme Bruneis, also Singapur sowie Sarawak und Sabah in Nordborneo, zur Föderation Malaysia zusammengeschlossen. Nach Soekarnos Meinung war die Schaffung Malaysias ein Produkt kolonialer Willkür. Er wärmte nun wieder alte Ansprüche auf, die schon einmal im Unabhängigkeitsprozess erhoben worden waren. Sie gipfelten in dem Slogan «Zerschlagt Malaysia!» und einer aggressiven, auch militärischen Kampagne gegen den jungen Staat. Nach der Gründung der Föderation begann Indonesien mit Kommandoaktionen an der Küste der Halbinsel und mit Dschungelkämpfen im Norden Borneos.

Dieser Konfrontationskurs war in der indonesischen Militärführung durchaus umstritten. Zum einen sah man keine Perspektive in den Auseinandersetzungen mit den wesentlich besser gerüsteten Commonwealth-Truppen. Zum anderen wollte das Militär keine wichtigen Truppeneinheiten von Java abziehen, da es sich dort bereits auf eine andere Auseinandersetzung vorbereitete, nämlich die Zerschlagung der PKI. Das Militär signalisierte also der malaysischen Gegenseite ziemlich früh, dass es die Konfrontation nicht bis zu einem regelrechten Krieg eskalieren lassen würde.

9. Dreißig Jahre Soeharto-Diktatur, 1967–1998

Soekarnos Taktik, über die Mobilisierung der Massen für außenpolitische Zielsetzungen von den inneren Problemen abzulenken, war auf Dauer nicht erfolgreich. Auch gelang es ihm nicht, Militär und Kommunistische Partei im Gleichgewicht zu halten. Dem Militär war nicht daran gelegen, und die PKI, die sich in der schwächeren Position wähnte, versuchte präventive Gegenmaßnahmen zu ergreifen. Da die wirtschaftlichen Verhältnisse sich kontinuierlich verschlechtert hatten, initiierte die PKI in den javanischen Dörfern einseitige Maßnahmen. Durch Landbesetzungen sollte ein Bodenreformgesetz gegen den Willen der Grundbesitzer implementiert werden, das den landlosen Bauern zu Land verhelfen sollte. Damit brachten sie die Grundbesitzer gegen sich auf, die wiederum in der Regel eng mit den traditionellen islamischen Führern verbunden waren. Diese Konfrontation sollte später zu einer Katastrophe für die PKI werden. Eine weitere Aktion, die ihr Ziel nicht erreichte, war die Forderung der PKI nach Volksbewaffnung, um so eine weitere militärische Kraft zu schaffen, in der sie Einfluss hatte. Natürlich sah das Militär dieses Ansinnen als gegen sich gerichtet an, wenn nicht sogar als Vorbereitung eines revolutionären Umsturzes.

Auf der kulturellen Ebene führte die PKI mit ihrer Kulturorganisation LEKRA einen Kampf gegen alle, die andere Meinungen vertraten, und entfremdete sich so von vielen Intellektuellen. Die bedingungslose Unterstützung Soekarnos und seiner Gelenkten Demokratie entfernte sie von anderen Parteien und Organisationen, bis sie vollständig auf die Fürsprache und den Schutz Soekarnos angewiesen war. Mehrere Parteien und Organisationen waren inzwischen verboten und ihre Führer ins Gefängnis gebracht worden, darunter Mohammad Natsir von der Masyumi und Sutan Sjahrir von der PSI.

Das Militär ging dort, wo es das Sagen hatte, immer unverhohlener gegen die PKI vor. Auch gegenüber dem Präsidenten wurde seine Stellung zusehends stärker. Es setzte die Einrichtung einer gemeinsamen Kommandostruktur der Teilstreitkräfte durch, die den Einfluss Soekarnos und der PKI auf Luftwaffe und Marine beschränkte. Das Militär hatte sich immer auch in einer innenpolitischen Ordnungsfunktion gesehen. Die Auseinandersetzung mit diversen Kontrahenten war Teil seiner jüngeren Geschichte, beginnend mit dem kommunistischen Aufstand in Madiun bis zur Zerschlagung der Darul-Islam-Bewegung Anfang der sechziger Jahre. Um jeden Preis sollte ein Machtgewinn oder gar eine Machtübernahme der Kommunisten verhindert werden. Die Loyalität des Militärs gegenüber dem Präsidenten war auf keinen Fall bedingungslos.

Dadurch, dass Soekarno sich in so starke Opposition zum Westen begeben hatte, war die außenpolitische Situation für Indonesien äußerst kompliziert geworden. Seine Annäherung an die Volksrepublik China und die Stärke der PKI brachten die USA zu der Überzeugung, dass Indonesien einer der nächsten Dominosteine sein könnte, der fallen würde. Ein kommunistischer Aufstand in Malaysia in den fünfziger Jahren war noch in unguter Erinnerung, und 1965 waren die USA und ihre Verbündeten in den Indochinakonflikt verwickelt. Es galt, unter allen Umständen ein Erstarken und eine Machtübernahme der Kommunisten in Indonesien zu verhindern. Darüber gab es mit der indonesischen Militärführung einen Konsens. Die Verwicklung der USA in die nun folgenden Ereignisse ist bis heute noch nicht völlig geklärt. Mittlerweile schritt Indonesiens internationale Isolierung fort. Als Malaysia im Januar 1965 einen Sitz im Sicherheitsrat der Vereinten Nationen erhielt, trat Indonesien aus der UNO aus. Dieser Schritt brachte Indonesien auch auf Distanz zu vielen blockfreien Ländern. Gleichzeitig zog sich Indonesien aus weiteren internationalen Institutionen zurück, darunter der Internationale Währungsfonds, Interpol und die Weltbank. Die Beziehungen zu den USA verschlechterten sich dramatisch. In seinem Versuch, Alternativen auf internationaler Ebene zu finden, propagierte Soekarno im August 1965 die Achse Jakarta–Phnom Penh–Hanoi–Peking–Pyöngyang.

Soekarnos Entmachtung und die Massaker an den Kommunisten

Am 1. Oktober 1965 versuchten linke Truppenteile, in Jakarta die Macht zu übernehmen. Im Zentrum stand die Präsidentengarde. Die Truppen besetzten mehrere strategische Punkte der Stadt. Der Versuch, die führenden Köpfe des Militärs zu verhaften, schlug fehl, weil ein General, Nasution, entkam und drei Generäle beim Verhaftungsversuch getötet wurden. Drei weitere wurden später erschossen. Die Aufständischen brachten Präsident Soekarno und den PKI-Chef Aidit zum Flughafen Halim, wo sie im Namen eines Revolutionskomitees die Machtübernahme proklamierten. Innerhalb kürzester Zeit kam der Gegenschlag durch den Befehlshaber der strategischen Reserve, General Soeharto, der außer Reichweite der Putschisten gewesen war. Bereits am Nachmittag desselben Tages war Zentral-Jakarta wieder unter Kontrolle des Militärs. Die Putschisten flohen vom Flughafen Halim, der am nächsten Tag von loyalen Truppen eingenommen wurde. Damit war der Putsch im Kern niedergeschlagen.

Über das, was passierte, gibt es zahlreiche widersprüchliche Angaben, und über die Hintergründe dieser Ereignisse ist viel spekuliert worden. Die Generalität stellte sie als Versuch der Kommunisten, der «Bewegung des 30. September», dar, die Macht im Land zu übernehmen. Das Militär sei gezwungen gewesen, dies zu verhindern. Das ist wohl nur die halbe Wahrheit.

Es ist bis heute unklar, inwieweit die Führung der PKI überhaupt in die Putschpläne eingeweiht war. Die Indizien sprechen eher dafür, dass sie selbst überrascht war. Der Putsch war offensichtlich überhastet und wenig geplant durchgeführt worden. Das sofortige Eingreifen der strategischen Reserve und ihr planmäßiges Vorgehen stehen dazu in eklatantem Gegensatz. Daher gehen viele Vermutungen mit einigem Anspruch auf Wahrscheinlichkeit dahin, dass der Putsch provoziert war, um eine Gelegenheit zum Zuschlagen zu haben. Nach dieser Version wären die Gerüchte über einen bevorstehenden Militärputsch mit dem Ziel der Vernichtung der PKI gezielt gestreut worden, um die Gegenseite zum Handeln zu provozieren. Einige Kommentatoren sind der Meinung, dass Soeharto im Zentrum dieser Taktik stand. Er habe den stümperhaften Putschversuch abgewartet, um dann nicht nur die Vernichtung der PKI zu betreiben, sondern auch Präsident Soekarno zu stürzen, das Militär in die Schlüsselpositionen des Staates zu bringen und sich selbst das Präsidentenamt zu verschaffen.

Viele Mitglieder, einschließlich Führungsmitglieder, der PKI und der mit ihr verbundenen Organisationen begriffen nicht, was vor sich ging, und schätzten den Putsch und Gegenputsch als eine Palastrevolte ein, die sich unter der Autorität Soekarnos schnell wieder regeln würde. Sie täuschten sich gewaltig.

Bereits vor dem Putsch hatte das Militär systematisch seine Verbindung zu antikommunistischen Zivilorganisationen, vor allem muslimischen, aufgebaut. Nach den Ereignissen vom 1. Oktober wurde nun eine beispiellose Mobilisierungskampagne in Gang gesetzt. Vor allem islamische Organisationen fühlten sich aufgefordert, die PKI physisch zu liquidieren. Die Muhammadiyah erklärte ihre Vernichtung zum Dschihad. Andere islamische Organisationen folgten. Das war aber keine rein religiöse Frage, sondern auch ein gesellschaftliche. Zu viel Feindseligkeit hatte sich in der Vergangenheit aufgestaut. Vor allem auf dem Land entlud sich der Hass im größten Massaker, das die indonesische Geschichte bis dahin gesehen hatte. Hunderttausende wurden ermordet; manche Schätzungen gehen bis weit über eine Million. Die schlimmsten Mordaktionen fanden in Mittel- und Ostjava, Bali und Nordsumatra statt. Die komplette Führung der PKI wurde liquidiert. Einige wurden sofort getötet, darunter Aidit, andere von Militärgerichten zum Tode verurteilt, darunter auch Untung, der Kommandeur der Präsidentengarde, der als Putschführer galt. Viele wurden verhaftet und ohne Prozess für lange Jahre in Konzentrationslager gebracht. Das bekannteste Lager befand sich auf der Molukkeninsel Buru, wo auch der bedeutendste Schriftsteller des modernen Indonesien, Pramoedya Ananta Toer (gest. 2006), interniert war. Seine Autobiographie[10] bietet einen hervorragenden Einblick in die damaligen Verhältnisse.

Diejenigen, die überlebten oder wieder frei kamen, wurden sämtlicher bürgerlicher Rechte beraubt, dasselbe galt für ihre Verwandten und leiblichen Kinder. Sie mussten sich regelmäßig bei der Polizeibehörde melden und erhielten einen Stempel in den Personalausweis, der sie kenntlich machte. Sie durften keine öffentlichen Ämter bekleiden, nicht im Öffentlichen Dienst arbeiten und wurden auf allen gesellschaftlichen Ebenen benachteiligt. Linkes Gedankengut sollte ein für allemal in Indonesien ausgemerzt werden. Bei den Massakern wurden nicht nur Kommunisten und deren Anhänger getötet. Andere alte Rechnungen wurden mitbeglichen, so an Gewerkschaftern und Arbeiterführern auf den Plantagen und an ethnischen Chinesen.

Soekarno war bisher unangetastet geblieben. Nach der Ausschaltung der PKI zielte Soeharto, der nun die mächtigste Stellung im Militär hatte, auf die Entmachtung des Präsidenten. Wegen Soekarnos Popularität musste er hier behutsamer vorgehen. Schritt für Schritt wurden die Männer in den wichtigen Positionen ausgewechselt. Am 11. März 1966 übertrug Soekarno die präsidialen Machtbefugnisse an Soeharto, und zwar in einem Dokument, das als *Supersemar* in die Geschichte einging. Um dieses Dokument ranken sich Mythen und Zweifel an seiner Existenz sowie seinem tatsächlichen Inhalt. Kurioserweise ist das *Supersemar* verschwunden, was allein schon wegen seiner Bedeutung höchst fragwürdig ist. Soeharto nutzte seine neue Macht sofort und ließ

15 Soekarno-treue hohe Beamte verhaften und die PKI offiziell verbieten. Im März 1967 wählte der Oberste Volkskongress Soeharto zum geschäftsführenden Präsidenten. Soekarno wurde unter Hausarrest gestellt; er starb am 21. Juni 1970.

1968 wurde Soeharto offiziell für fünf Jahre zum Präsidenten der Republik gewählt. Damit begann seine dreißigjährige Herrschaft, die erst mit seinem Rücktritt am 21. Mai 1998 endete. Das System, das nun aufgebaut wurde, nannte man, im Gegensatz zur Alten Ordnung (Orde Lama) von Soekarno, die Neue Ordnung (Orde Baru).

Orde Baru: Die Neue Ordnung

Die Vernichtung der PKI und die Entmachtung von Soekarno wurden von vielen Indonesiern euphorisch begrüßt. Alle Gruppen, Parteien und Schichten, die zuvor unterdrückt worden waren, hofften nun auf einen Wandel zu ihren Gunsten. Fast alle wurden enttäuscht.

Am Anfang war das noch nicht spürbar. Vor allem die islamischen Gruppierungen sahen sich im Aufwind. Kommunismus war mit Atheismus gleichgesetzt, und Atheismus war das Gegenteil vom verfassungsmäßig postulierten Glauben an den Einen Gott. Aus diesem Grund wurde ein enormer Druck ausgeübt, sich zu einer der anerkannten Religionen (s. o.) zu bekennen. Das betraf keineswegs nur die Kommunisten, sondern ebenso die Anhänger altindonesischer Religionen. Auf Letztere wurde ein ebenso starker Druck ausgeübt, sich zu einer offiziellen Religion zu bekennen. Die Hoffnung einiger islamischer Kreise, dass nun massenhaft Menschen zum Islam übertreten würden, wurde aber enttäuscht. Im Gegenteil, viele traten in eine der beiden christlichen Gemeinschaften ein. Dies war eine Tendenz, die sich in der Zukunft fortsetzen sollte und die ein Grund dafür war, dass man den Christen vorwarf, zu missionieren und die indonesische Gesellschaft insgesamt christiani-

General Soeharto (1921–2008), Putschgeneral und zweiter Präsident von Indonesien, im Jahr 1967

sieren zu wollen. Diese Anschuldigungen sind bis heute lebendig und dienen als Begründung für Intoleranz und antiplurale Gesinnung.

Der Putsch wurde zur dritten großen Enttäuschung für die Befürworter eines islamischen Staates: 1945, 1955, 1965 – sie sahen sich erneut betrogen. Zwar wurden inhaftierte Führer wie Mohammad Natsir aus dem Gefängnis entlassen. Die verbotenen Parteien, darunter die ehemals mächtige Masyumi, wurden aber nicht wieder zugelassen. Ziel der neuen Politik war eindeutig die Zementierung der Macht des Militärs. Diesem Ziel diente auch die «Vereinfachung» des Parteiensystems. Die bereits in der Orde Lama ins Leben gerufenen funktionalen Gruppen (Golongan Karya) wurden unter dem Akronym Golkar zur Staatspartei. Seit ihrer Gründung verlor

Golkar bis zum Ende der Soehartozeit keine Wahl. 1973 wurden die verbliebenen islamischen Parteien zur Einheitspartei Partai Persatuan Pembangunan (PPP, Vereinigte Entwicklungspartei) zusammengeschlossen. Die verbliebenen säkular und christlich orientierten Parteien, einschließlich der traditionsreichen PNI wurden zur Partai Demokrasi Indonesia (PDI, Demokratische Partei Indonesiens) vereint. Die Regierung nahm sich dabei das Recht, über die Führungen der Parteien mitzuentscheiden. Der Präsident wurde vom Parlament (Majlis Permusyawaratan Rakyat, MPR) gewählt, das sich aus einem Unterhaus (Dewan Perwakilan Rakyat, DPR) und Vertretungen der Regionen zusammensetzte. 100 der 460 Mitglieder des DPR wurden direkt durch die Regierung ernannt.

Zehn Jahre später, 1983, ging die Regierung noch einen Schritt weiter. Mit der Dekreditierung des *asas tunggal*-Prinzips, was so viel wie «alleinige Grundlage» bedeutet, wurden alle politischen Organisationen auf die *Pancasila* – die Fünf Verfassungsprinzipien (s. S. 130) – als alleinige Ideologie verpflichtet, weswegen die islamische Einheitspartei PPP auch auf die Ka'ba als ihr Parteisymbol verzichten musste. Damit gab es keine legalen Spielräume mehr für den politischen Islam in Indonesien. Die NU zog daraus die Konsequenz, stellte ihre Aktivitäten in der PPP ein und beendete damit ihre politischen Ambitionen, die sie seit der Unabhängigkeit verfolgt hatte. Die Muhammadiyah ging einen ähnlichen Weg, war aber schon vorher parteipolitisch heimatlos, da die von ihr dominierte Masyumi verboten war. Mohammad Natsir hatte aus der Situation schon nach seiner Entlassung aus dem Gefängnis Konsequenzen gezogen und die zivile Organisation Dewan Dakwa Islamiyah Indonesia (DDII, Rat für Islamische Mission Indonesiens) gegründet, die sich der inneren Mission widmete und in der Folgezeit durch antichristliche und antisemitische Positionen auffiel.

Neben der Einrichtung von politischen Organen zur Sicherung der Neuen Ordnung wurden zivilgesellschaftliche Organisationen geschaffen oder bestehende gleichgeschaltet, die verschiedene gesellschaftliche Gruppen repräsentierten: Beamtenorganisationen,

Frauenorganisationen, Gewerkschaften usw. Damit wurden die Kontroll- und Einwirkungsmöglichkeiten des Regimes enorm gestärkt.

Außenpolitisch vollzog Indonesien einen radikalen Kurswechsel. Die Konfrontationspolitik wurde beendet und Malaysia anerkannt. Im August 1967 wurde Indonesien Gründungsmitglied der Association of South East Asian Nations (ASEAN), die die nichtkommunistischen Staaten Südostasiens vereinte. Die Beziehungen zu den USA wurden nicht nur wiederhergestellt, sondern zu einer engen Kooperation, auch auf militärischem Gebiet, weiterentwickelt. Die besetzten und enteigneten britischen und amerikanischen Betriebe wurden zurückgegeben.

Die indonesische Wirtschaft hatte gegen Ende der Soekarnozeit am Rand eines Kollapses gestanden. Soeharto gab die Parole des *pembangunan* (Aufbau) aus, die in den Folgejahren neben dem *Pancasila*-Prinzip eine zentrale Stelle in der Ideologie des Regimes einnahm. Die Beziehungen zu den internationalen Geldgebern wurden wiederhergestellt und ausländisches Kapital ins Land gelockt. Die einheimische Bevölkerung hatte allerdings nur bedingt Anteil an dem nun folgenden wirtschaftlichen Aufschwung. Nutznießer war in erster Linie eine Schicht von Neureichen, die in den entscheidenden Stellen der Verwaltung saßen, sich über Korruption maßlos bereicherten und aus einer engen Beziehung mit reichen chinesischen Geldgebern bzw. Investoren ihren Nutzen zogen. Der Aufbau der Wirtschaft in der Neuen Ordnung fand in einem veränderten internationalen Umfeld statt. Die Explosion der Ölpreise ab 1973 verschaffte Indonesiens Ökonomie Luft für Investitionen. Diese wurden zum erheblichen Teil über die Ölgesellschaft Pertamina selbst getätigt, so dass diese zu einem Mischkonzern wurde, der in zahlreichen Branchen operierte. Anfangs hatte die Regierung praktisch keine Kontrolle über den Konzern, der auch international weitgehend unbeeinträchtigt agieren konnte. Auf diese Weise bildete sich ein von außen undurchschaubares System heraus, in dem Korruption und Vetternwirtschaft bestimmende Elemente waren.

Als der Staat dann 1975 den Konzern übernahm, musste er auch die Schulden von etwa 10 Milliarden US-Dollar mitübernehmen.

Mit fortschreitender Entwicklung einer Gesellschaft, in der alles über entsprechende Beziehungen zu Entscheidungsträgern geregelt wurde, positionierte sich auch die Familie des Präsidenten zunehmend als Wirtschaftsfaktor. Wichtige Auftragsvergaben erforderten Soehartos Zustimmung. So kann es nicht verwundern, dass lukrative Investitionen an eigene Familienmitglieder zu äußerst günstigen Bedingungen vergeben wurden, einschließlich Luftfahrtunternehmen und Mautstraßen. Wichtige Unternehmen in Familienhand wurden durch Monopole vor Konkurrenz geschützt. Ausländische Firmen wurden genötigt, strategische Partnerschaften mit Unternehmen der Familie einzugehen. Am Ende der Neuen Ordnung soll die Präsidentenfamilie über einen Grundbesitz von 36 000 km^2 verfügt haben, darunter einen erheblichen Teil des Landes im annektierten Osttimor. Als notorisch habgierig galten Soehartos Ehefrau Siti Hartinah (gest. 1996), genannt Ibu Tien, die nach ihrem Tod zur Nationalheldin erklärt wurde, seine Tochter Siti Hardiyanti Rukmana, genannt Tutut, und sein Sohn Hutomo Mandala Putra, genannt Tommy.

Das wirtschaftliche und politische Nachsehen hatten die Außengebiete. Über Rohstoffexporte – Plantagenprodukte, Rohöl, Kupfer etc. – leisteten die Außeninseln, allen voran Sumatra, einen erheblichen Beitrag zum Staatseinkommen. Von den erwirtschafteten Mitteln floss aber nur sehr wenig in die Regionen zurück. Stattdessen wurde auf den Außeninseln eine massive Javanisierung betrieben. Dies geschah einmal über die Einsetzung javanischer Verwaltungsbeamter in den nichtjavanischen Regionen. Beispielsweise waren 1984 die Gouverneure aller vier Provinzen Borneos (nun **Kalimantan** genannt) Militärs, und drei von ihnen Javaner. Von den acht Provinzen Sumatras wurden fünf von Javanern regiert. Zum anderen betrieb die Soeharto-Regierung eine forcierte Migrationspolitik. Diese sogenannte *transmigrasi* hatte es schon in der holländischen Zeit gegeben und dazu gedient, den Bevölkerungsdruck auf Java zu mildern. Zu Soehartos Zeit wurde sie aber zum politischen Mittel. Javaner wurden nun unter strategischen Gesichtspunkten auf den Außeninseln angesiedelt.

Besonders deutlich wurde das in der Provinz **Irian Jaya**. Das ehemalige West-Neuguinea war zwar seit 1969 Teil Indonesiens. Es hatten sich aber lange nicht alle Papua-Einwohner mit dieser Integration abgefunden. Daher hatte sich die Organisation Freies Papua (Organisasi Papua Merdeka, OPM) gegründet, die die Abspaltung von Indonesien propagierte. Mit einem umfangreichen Migrationsprogramm versuchte Soeharto nun, Javaner in strategischen Teilen der Provinz anzusiedeln, um die Region besser an Indonesien zu binden und der OPM ihren Bewegungsspielraum zu nehmen. Deutlich wird dies an den Ansiedlungsaktionen an der Grenze nach Papua Niugini. Ferner ging durch die Migration der Anteil der indigenen Bevölkerung in der Provinz immer weiter zurück. In allen Städten, mit Ausnahme Manokwaris, sind Papua heute in der Minderheit. Ebenso klar politisch motiviert war die Migration nach **Osttimor**, das 1975 von Indonesien besetzt worden war (s. u.), obwohl hier neben Javanern ein hoher Anteil der Migranten von Südsulawesi stammte. Aber auch auf anderen Inseln wurde die *transmigrasi* forciert: auf **Sumatra, Borneo** und **Sulawesi**. Diese Umsiedlungspolitik wurde in den Folgejahren zu einem Grund für ethnische Konflikte und führte zu Angriffen der einheimischen Bevölkerung auf die Umsiedler, die meistens in extra für sie errichteten Dörfern lebten.

Obwohl die Regierung viele Konflikte selbst hervorrief, war sie von Anfang an darauf bedacht, Auseinandersetzungen bereits im Keim zu ersticken. Dabei wählte sie nicht den Weg des Dialogs, sondern setzte in der Regel administrative und Gewaltmittel ein. Von den zahlreichen Beispielen seien vorerst nur der langjährige Bürgerkrieg in Aceh und die Unabhängigkeitsbewegungen in Irian Jaya und Osttimor erwähnt. Versuche, die Religion politisch zu instrumentalisieren, wurden rigoros unterdrückt, wobei es praktisch ausschließlich um den Islam ging. Das führte dazu, dass die Anhänger des politischen Islam in den Untergrund gingen und dort bis zum Ende der Soehartozeit verblieben, um danach wieder aktiv zu werden. Dazu zählten zum Beispiel die Anhänger des Darul Islam bzw. des Islamischen Staats Indonesien NII.

Mitte der siebziger Jahre hatte sich die Neue Ordnung in ihrer endgültigen Form herausgebildet. Alle Macht lag in den Händen des Präsidenten und eines kleinen Zirkels engster Vertrauter. Das Parlament hatte keine echte Funktion mehr, sondern war nur noch eine Institution, die den Schein demokratischer Legitimität aufrechterhalten sollte.

Osttimor: Anschluss und Unabhängigkeitskrieg

In die Schlussphase des Aufbaus der Neuen Ordnung fiel die Osttimor-Krise. Zu jener Zeit kollabierte das letzte ehemals große Kolonialsystem, nämlich das portugiesische. Nach der Revolution in Portugal 1974 entstanden in Osttimor drei politische Parteien: Die Revolutionäre Front für ein Unabhängiges Osttimor (Fretilin) als stärkste trat für die vollständige Unabhängigkeit ein, die Demokratische Union Timors (UDT) für eine bleibende Einheit mit Portugal und die Volksdemokratische Timorische Vereinigung (Apodeti) als kleinste für die Integration in Indonesien. Im August 1975 brach ein Bürgerkrieg zwischen den Parteien aus, so dass sich die portugiesische Verwaltung nach Atauro, eine vorgelagerte Insel, zurückzog. Nach indonesischer Auffassung bedeutete das, dass Portugal de facto seine Herrschaft über Osttimor aufgegeben hatte. Apodetis Anschlussforderung bildete das zweite Standbein für Indonesiens Anspruch auf Osttimor. Am 7. Dezember 1975 landeten indonesische Truppen in Osttimor und begannen einen Krieg, der bis zur letztendlichen Unabhängigkeit der ehemaligen portugiesischen Kolonie ca. 183 000 Todesopfer forderte, sei es durch direkte Gewalteinwirkung oder durch indirekte Kriegsfolgen und Kriegsstrategien wie Aushungern.

Osttimor wurde im Juli 1976 als 27. Provinz unter dem Namen Timor Timur in den indonesischen Staatsverband aufgenommen. Die UNO hatte allerdings bis zur Unabhängigkeit die Annexion durch Indonesien nicht anerkannt und Portugal als administrativ verantwortlich angesehen. Indonesiens westliche Verbündete – vor allem die USA und Australien – haben dies aber stets ignoriert und Indonesiens Besatzungsregime stillschweigend geduldet. Man kann davon ausgehen, dass bei den USA politische Interessen im Vordergrund standen, die ein weiteres linkes Regime in Südostasien nach dem Sieg der Kommunisten in Indochina nicht dulden wollten. Australien wiederum waren wirtschaftliche Interessen in Indonesien wesentlich wichtiger als völkerrechtliche Fragen bezüglich Osttimors.

Die Osttimoresen haben für ihren 25-jährigen Unabhängigkeitskampf einen hohen Preis gezahlt. Indonesien sollte es aber nicht schaffen, die kulturelle Identität und den Freiheitswillen der Osttimoresen auszulöschen. In einer letzten Gewaltorgie nach dem Unabhängigkeitsvotum 1999 hatten proindonesische Milizen, unterstützt vom Militär, noch einmal vergeblich versucht, den Unabhängigkeitsprozess aufzuhalten. Osttimor kam unter UNO-Verwaltung und wurde offiziell am 20. Mai 2002 unabhängig (siehe unten).

Korruption, Repression, Modernisierung

In den siebziger und achtziger Jahren war die Neue Ordnung fest etabliert. Lediglich kosmetische Korrekturen erschienen angebracht. Dazu gehörte die schrittweise Freilassung der nach dem Putsch 1965 in Lagern untergebrachten Verhafteten. Eine innenpolitische Lockerung war damit nicht verbunden. Partizipation war nicht erwünscht. Eine freie Presse gab es nicht, ebenso wenig eine unabhängige Justiz. Korruption fraß sich durch die ganze Gesellschaft von oben nach unten bis zu den einfachen Polizeibeamten oder Verwaltungsangestellten. Korruption wurde zu einem Normalzustand, den niemand in Frage stellte. Staatsideologie war weiterhin die *Pancasila*, nun aber in der Interpretation der Soeharto-Regierung. Zu diesem Zweck wurde die *Pancasila*-Ideologie in allen Bildungseinrichtungen und darüber hinaus verankert. Nach dem Sturz Soehartos wurde das zu einem Problem, weil *Pancasila* zu jenem Zeitpunkt mit dem abgewirtschafteten Regime identifiziert wurde und entsprechend negativ konnotiert war.

Viel Widerstand hatte das Regime nicht zu fürchten. Am größten war noch das Unruhepotenzial in einigen Regionen wie Irian Jaya, Osttimor und ab den achtziger Jahren auch Aceh. Wo sich Widerstand regte, wurde er mit Gewalt gebrochen. Funktionierte dies nicht sogleich, so erfolgte eine weitere Drehung an der Gewaltspirale. Staat und Regierung wurden als eine Einheit gesehen. Wer gegen die Regierung war, war gleichzeitig auch gegen den Staat. Und wer gegen den Staat war, gehörte nicht mehr zur Gemeinschaft und sollte dies auch zu spüren bekommen. Die Linke war keine Gefahr mehr. Allenfalls von einigen islamischen Gruppen ging noch eine Bedrohung aus. Zum einen waren das terroristisch orientierte Gruppierungen, die im Untergrund arbeiteten. Der Bombenanschlag auf den Borobudur im Januar 1985 ging auf ihr Konto. Diese terroristischen Aktivitäten wurden aber nie zu einer echten Herausforderung für die Neue Ordnung. Zum zweiten gab es soziale Unruhen, die sich auf der religiösen Ebene ein Ventil suchten. Dazu muss man sicherlich die Unruhen von Tanjung Priok im September 1984 zählen. In diesem verarmten Vorort von Jakarta kam es zu massiven Auseinandersetzungen mit der Polizei, bei denen zahlreiche Menschen starben. Das Aufbegehren wurde auch hier mit Brachialgewalt niedergeworfen und die angeblichen Rädelsführer zu jahrelangen Haftstrafen verurteilt.

Das destabilisierende Potenzial des Islam war der Regierung sehr wohl bewusst. Eine ihrer wichtigen Maßnahmen auf dem Gebiet der Ideologie war neben der Erklärung der *Pancasila* zum Staatsdogma der Versuch, Einfluss auf die islamische Ideologie im Land zu gewinnen durch das Verbot des politischen Islam. Daneben wurden aber auch alle weiteren Aktivitäten verboten, die hätten gefährlich werden können. So wurde zum Beispiel 1978 ein Verbot politischer Aktivitäten an den Hochschulen erlassen. Zur Kontrolle des islamischen Klerus und zur Einflussnahme in den islamischen Gemeinden wurde 1975 der Indonesische Ulamarat (Majlis Ulama Indonesia, MUI) gegründet, der bis heute Bestand hat. Von ihm wird noch die Rede sein (s. u., S. 184 f.).

Ein weiterer Schritt war die Kontrolle der islamischen Bildung. Dies betraf die Lehrinhalte an den staatlichen Schulen. Die *Pancasila*-Ideologie wurde in allen Schulen und Hochschulen als Staatsbürgerkunde zum festen Bestandteil des Curriculums. Schwieriger war die Kontrolle an den zahlreichen privaten religiösen Schulen, die bis zum Ende der Neuen Ordnung nicht vollständig realisiert werden konnte. Wichtige Schritte waren aber Vorgaben über ein Curriculum, das die privaten Schulen auf Augenhöhe mit den staatlichen brachte und ihnen staatliche Zuschüsse ermöglichte. Entscheidend für die weitere Entwicklung islamischer Ideologie wurde aber die Reform des islamischen Hochschulwesens, die bereits in der Konsolidierungsphase der Neuen Ordnung auf den Weg gebracht wurde. Im Zentrum stand eine Modernisierung der Inhalte, verbunden mit einer Ausbildungsoffensive, die die zukünftigen Akademiker auch an westliche Universitäten brachte. Damit wurde die Tradition abgelöst, Graduierte islamischer Hochschulen zur Weiterbildung grundsätzlich in den Nahen Osten zu schicken. Diese Politik traf anfangs auf den Widerstand traditioneller Kleriker. Am Ende war die Modernisierungspolitik aber überaus wirksam. In Verbindung mit der Wandlung der Muhammadiyah und der NU zu zivilgesellschaftlichen Organisationen, die fest im säkularen System verankert waren und ihre politischen Ambitionen aufgaben, entwickelte sich der indonesische Mainstream-Islam zu einem Vorbild für die islamische Welt. Trotz aller Verwerfungen nach dem Sturz Soehartos und der Neuen Ordnung blieben diese Errungenschaften erhalten. Heute verfügt Indonesien über das modernste islamische Bildungswesen der islamischen Welt.

Auf dem Gebiet der ökonomischen Entwicklung konnte die Neue Ordnung über längere Zeit beachtliche Erfolge aufweisen. Zwischen 1966 und 1997 betrug das durchschnittliche jährliche Wachstum des Bruttosozialprodukts mehr als 5 Prozent. Der Anteil der verarbeitenden Industrie an den Exporten wuchs vor allem durch den Zufluss ausländischen Kapitals beträchtlich. Zwar verschwand viel von dem erwirtschafteten Geld in den Taschen von korrupten Politikern, Militärs und Mitgliedern der Präsidentenfamilie. Daneben war es aber auch möglich, ein Schulsystem aufzubauen, das, bei allen Mängeln, 1983 schließlich eine Einschulungsquote von 90 Prozent aller Kinder erreichte. Dass dies Jungen und Mädchen gleichermaßen betraf, war einzigartig in der islamischen Welt. Daneben wurde ein, zumindest vom Anspruch her, flächendeckendes Gesundheitssystem aufgebaut, Puskesmas-Programm genannt. Auf dieser Basis gelang es, die durchschnittliche Lebenserwartung von 1966 bis 1997 von 47 auf 67 Jahre zu steigern.

In den achtziger Jahren war Soeharto auf dem Höhepunkt seiner Macht. Die wenigen Proteste und Unruhen wurden mit Gewalt niedergehalten, wie im erwähnten Massaker von Tanjung Priok. Die Geheimpolizei Kopkamtib konnte in einem rechtsfreien Raum agieren. Von 1983 bis 1985 ging man extrem hart gegen gewöhnliche Kriminalität vor: Bis zu 10 000 vermeintliche Kriminelle wurden von Todesschwadronen in den sogenannten «Petrus killings» ermordet, genannt nach dem Akronym *penembak misterius* («geheimnisvoller Todesschütze»). Die zunehmenden Aktivitäten der Bewegung Freies Aceh (Gerakan Aceh Merdeka, GAM) nahm Soeharto zum Anlass, ab 1990 starke Armeeeinheiten nach Aceh zu verlegen. In der Operation «Rotes Netz» wurden bis 1998 bis zu 2000 Menschen getötet. Dies konnte die GAM aber nur vorübergehend ausschalten.

Das Ende der Neuen Ordnung

Seit Ende der 1980er Jahre begannen sowohl das innenpolitische wie auch das außenpolitische Umfeld für Soeharto schwieriger zu werden. Die Auflösung des Ost-West-Konflikts ließ die Bedeutung Indonesiens als Teil der «freien Welt» zurückgehen und öffnete auch den Blick der verbündeten Länder auf die Zustände im indonesischen Raum. Das Santa-Cruz-Massaker in Osttimor war ein Schlüsselereignis und löste weltweit heftige Proteste aus: Am 12. November 1991 kam es in Dili, der Hauptstadt Osttimors, anlässlich der Beerdigung eines Aktivisten zu friedlichen Protesten gegen die Besatzung; darauf eröffnete die Armee das Feuer und tötete mindestens 250 Menschen. Da die Ereignisse gefilmt wurden, war die Reaktion der Weltöffentlichkeit entsprechend heftig. Eine Reihe wichtiger Partner Indonesiens, darunter Australien und einige EU-Länder, scheuten sich zwar, mit ihrem Bündnispartner ins Gericht zu gehen. Von nun an war Indonesien aber verstärkt unter internationaler Beobachtung. Die Einschränkung der militärischen Zusammenarbeit seitens der USA war ein erstes starkes Signal. Indonesien selbst begann nun seine Fokussierung auf die westliche Welt zu lockern und nach einer eigenen Identität zu suchen. Die verstärkte Hinwendung zur Blockfreienbewegung und die Betonung «asiatischer Werte» waren dafür ein deutliches Zeichen.

Innenpolitisch hatte Soehartos Kontrolle über die Gesellschaft ebenfalls erste Risse bekommen. Ein Grund dafür war die ungebremste Habgier seiner Familie, die inzwischen den Zugriff anderer Teile der Elite auf den zu verteilenden Kuchen erschwerte. Vor allem auch im Militär, seiner ursprünglichen und eigentlichen Machtbasis, begann sein Einfluss zurückzugehen. Bereits 1988 hatte Soeharto seinen Armeechef Moerdani abgelöst, weil er es gewagt hatte, vorsichtige Kritik an der grassierenden Korruption zu üben. Soeharto selbst begann Maßnahmen zu ergreifen, um den Einfluss des Militärs auf Politik und Gesellschaft zu reduzieren. Ein Schritt war die Auflösung der dem Militär unterstellten Geheimpolizei, ein weiterer in den 1990er Jahren die zunehmende Ersetzung von Militärs durch Zivilisten in den Regierungsämtern.

Noch wichtiger aber war die wachsende Rolle der urbanen indonesischen Mittelschicht, die Soeharto an sich zu binden suchte. Die Abkehr von vermeintlich westlichen Werten und die Suche nach indonesischer Identität führten zu einem Islamisierungsschub, und Soeharto, der die Gefahr eines radikalen politischen Islam als gebannt ansah, machte sich diese Tendenz zunutze. 1991 unternahm er unter großem Medienecho eine Pilgerreise nach Mekka und hieß von nun an Haji Mohammad Soeharto. Bereits im November 1990 hatte Soehartos Technologieminister B. J. Habibie die Vereinigung Muslimischer Intellektueller Indonesiens (Ikatan Cendekiawan Muslim Indonesia, ICMI) gegründet. ICMI sollte die intellektuelle muslimische Mittelschicht an das Regime binden. Die Resonanz war groß. Viele Muslime sahen die Hinwendung Soehartos zum Islam und die Gründung von ICMI als Gelegenheit, islamische Interessen nun wieder stärker in Politik und Gesellschaft zur Geltung zu bringen. In einem begrenzten Maße war das auch erfolgreich. Das Regime achtete aber genau darauf, dass keine Eigendynamik entstehen konnte. Große Teile von Muhammadiyah und vor allem NU entzogen sich jedoch dieser Umarmungsstrategie. Der Vorsitzende der NU, Abdurrahman Wahid (gest. 2009), lehnte ganz bewusst eine Zusammenarbeit ab und gründete in einem unerhörten Vorgang das Forum Demokrasi als Alternative, die sich für Pluralität und Pluralismus im Lande einsetzte. Mit diesem Schritt zeigte die NU, dass sie sich unabhängig von der Politik des Regimes als zivilgesellschaftliche Organisation etabliert hatte. Für die Zukunft des Islam im Lande war das von großer Bedeutung.

Auch auf anderer Ebene lief nicht mehr alles so wie von Soeharto erwünscht. Megawati Soekarnoputri, eine Tochter Soekarnos und Vorsitzende der Partai Demokrasi Indonesia, schien Soeharto nicht mehr die gewünschte Loyalität entgegenzubringen. Aus diesem Grund inszenierte das Regime im Juli 1996 eine Revolte in der Parteiführung mit dem Ziel, Megawati durch einen Gegenkandidaten zu ersetzen. Ihre Anhänger gingen auf die Straße, und es kam zu heftigen Auseinandersetzungen. Neben einer Welle von Verhaftungen mündete die Gewalt in die Entführung und Ermordung von 23 PDI-Anhängern durch eine Armeeeinheit unter dem Befehl von Soehartos Schwiegersohn. Die PDI spaltete sich daraufhin. Megawati benannte ihre Partei nach dem Sturz Soehartos in PDI-P (Partai Demokrasi Indonesia – Perjuangan, Demokratische Partei Indonesiens des Kampfes) um. Sie stellt heute (2015) mit Joko Widodo den Präsidenten der Republik.

Trotz aller Widrigkeiten war das Regime aber immer noch fest im Sattel. Der entscheidende Anstoß zum Sturz kam von außen.

Soehartos Sturz

Die sogenannte Asienkrise begann 1997 in Thailand und breitete sich rasch auf andere Länder Südostasiens aus. Es handelte sich im Kern um eine Krise des Finanzsektors durch das Platzen von Investitionsblasen – mit verheerenden Folgen. Banken hatten sich günstige Kredite in US-Dollar beschafft und an lokale Unternehmen weitergegeben, die ihre Gewinne in indonesischen Rupien erwirtschafteten. Als der Dollar infolge der Krise an Wert gewann, gerieten die Rückzahlungen ins Stocken. Zahlreiche Unternehmen gingen bankrott. Es wurden massenhaft Rupien verkauft, um Dollarschulden zu bedienen, was wiederum einen Absturz der Währung zur Folge hatte. Daraufhin wurde in großem Umfang ausländisches Kapital abgezogen, wodurch die Devisenreserven dramatisch zusammenschmolzen. Um den Finanzsektor vor dem Totalzusammenbruch zu bewahren, war Indonesien, wie andere Länder auch, auf Finanzhilfen des Internationalen Währungsfonds angewiesen. Die Bedingungen sahen unter anderem eine Deregulierung und Kürzungen der Staatsausgaben vor. Damit wäre das Wirtschaftsimperium der Soehartofamilie entscheidend betroffen gewesen. Dass

Indonesien die Bedingungen nicht erfüllte, führte zu massiver ausländischer Kritik an der Wirtschaftspolitik Soehartos. Im Ergebnis dieses Vertrauensverlustes brach die indonesische Währung um 80 Prozent ein. Ein kräftiger Rückgang der Wirtschaftsaktivitäten war die Folge, begleitet von explodierenden Preisen. Diese Krise traf in erster Linie die städtische Bevölkerung. Unruhen breiteten sich aus, einschließlich erneuter Pogrome gegen die chinesische Minderheit.

Als Soeharto sich im Mai 1998 erneut durch das Parlament zum Präsidenten wählen ließ und die Regierung mit seinen Getreuen besetzte, darunter seine eigene Tochter Tutut, eskalierte die Situation. Dass Soeharto offensichtlich nicht willens war, aus der Krise Konsequenzen zu ziehen, führte zu Demonstrationen und allgemeinem Unwillen. Da Soeharto, nun schon im hohen Alter, keine Vorkehrungen für die Zeit nach ihm getroffen hatte, waren auch immer weniger seiner alten Getreuen bereit, ihr Schicksal an das seinige zu knüpfen. Als das Militär am 12. Mai vier protestierende Studenten der Trisakti-Universität in Jakarta erschoss, entlud sich die Wut der Bevölkerung. In Jakarta kam es zu Raub, Plünderung und Brandschatzung. Rund 3000 Gebäude wurden zerstört und mehr als 500 Menschen getötet. Wieder traf es die chinesische Minderheit am härtesten. Nach Beratungen im engsten Vertrautenkreis zog Soeharto am 21. Mai 1998 die Konsequenz, erklärte seinen Rücktritt und beendete damit eine Ära. Nachfolger wurde verfassungsgemäß sein Vizepräsident Habibie.

10. Indonesien seit 1998

Obwohl Habibie eng mit Soeharto verbunden gewesen war, setzte er innerhalb kürzester Frist ein ehrgeiziges Reformprogramm um, das in vielen Punkten eine fundamentale Abkehr von der Politik der Soeharto-Zeit bedeutete. Zu den wichtigsten und bleibenden Neuerungen zählte die Gewährung der Pressefreiheit. Indonesien ist heute eines der Länder Südostasiens mit der freiesten Presse. Ein zweiter wichtiger Punkt war die nun uneingeschränkte Erlaubnis zur Bildung von Parteien, was allerdings nicht die Kommunistische Partei einschloss. Im gleichen Zusammenhang kündigte Habibie die Abhaltung freier Wahlen im Jahr 1999 an. Die Mitglieder der Soehartofamilie wurden von ihrem Zugriff auf staatliche Ressourcen abgeschnitten, wodurch der Weg zur Zusammenarbeit mit dem IWF frei wurde. Des Weiteren ging Habibie auf die chinesische Gemeinschaft zu, die während der Unruhen besonders gelitten hatte. Sehr bemerkenswert war seine Aufnahme direkter Verhandlungen mit Portugal über den zukünftigen Status von Osttimor.

Trotz all dieser weitreichenden Reformansätze blieb Habibie wenig populär. Dafür gab es zwei wesentliche Gründe. Zum einen wurde ihm seine lange enge Beziehung zu Soeharto zur Last gelegt. Zwar ließ er eine Untersuchungskommission einsetzen, die die Vermögensverhältnisse der Soehartofamilie unter die Lupe nehmen sollte. Alle Untersuchungen verliefen jedoch im Sande. Die Familie wurde nie wegen Veruntreuung oder illegaler Bereicherung ernsthaft zur Rechenschaft gezogen. Der zweite, vielleicht noch wichtigere Punkt war Habibies Initiative zu Osttimor. Er wusste, dass Osttimor auf lange Sicht eine Belastung für Indonesien bleiben würde und dass eine Lösung wünschenswert wäre. Er hatte mit Portugal ein Autonomiepaket für Osttimor ausgehandelt. Daher überraschte es umso mehr, als er Anfang 1999 ankündigte, dass die Osttimoresen sogar über die Alternative Autonomie oder Unabhängigkeit abstimmen dürften. Für viele Indonesier, vor allem für das Militär, war das völlig inakzeptabel.

Die Abstimmung fand am 30. August 1999 dennoch statt. Bereits Monate davor hatten sich mit dem Wohlwollen und anscheinend auch der Unterstützung des Militärs proindonesische Milizen gebildet. Aber trotz einer massiven Einschüchterungskampagne votierten 80 Prozent der Timoresen für die Unabhängigkeit. Wenn man bedenkt, dass an der Abstimmung auch Zuwanderer teilnahmen, lässt sich erahnen, dass das Votum der Timoresen selbst fast einstimmig war. Es folgten unter den Augen des Militärs gewalttätige Übergriffe auf Befürworter der Unabhängigkeit. Sie wurden von Banden terrorisiert, ohne dass das indonesische Militär einschritt. Erst unter massivem internationalem Druck stimmte Indonesien zu, die Provinz unter UNO-Verwaltung zu stellen und eine internationale Schutztruppe zu stationieren. Nun ließ sich der Unabhängigkeitsprozess nicht mehr aufhalten. Die Zerstörungen waren aber enorm. Der größte Teil der Zugewanderten verließ Osttimor aus Angst vor Gegenrepressalien. Verschiedene Milizen versuchten, vom indonesischen Westtimor aus weiterhin einen Guerillakrieg zu führen, allerdings ohne Erfolg. Nach einer Übergangszeit wurde Osttimor unter dem Namen Timor-Leste am 22. Mai 2002 ein souveräner Staat. Die vielen Menschenrechtsverletzungen seit der Besetzung 1975 und vor allem diejenigen nach dem Unabhängigkeitsvotum wurden nie juristisch aufgearbeitet. Allerdings bemühten sich beide Seiten in der Folgezeit um ein pragmatisches Verhältnis zueinander.

Die ersten freien Wahlen in Indonesien seit 1955 fanden am 7. Juni 1999 statt. In der kurzen Zeit nach dem Sturz Soehartos war es natürlich für die neu gegründeten Parteien kaum möglich gewesen, sich landesweit zu organisieren und zu stabilisieren. Dennoch stellten sich 48 Parteien zur Wahl. Die Ergebnisse waren teilweise überraschend. Megawatis PDI-P wurde stärkste Partei mit fast 34 Prozent der Stimmen. Das war nicht verwunderlich, da die

PDI-P für eine Politik gegen die Neue Ordnung stand. Sie war allerdings eher säkular orientiert. Überraschend war höchstens die Höhe des Sieges angesichts der Vielzahl von Parteien. Golkar, Soehartos Staatspartei, bekam immerhin 22 Prozent, vermutlich weil nach so kurzer Zeit immer noch viele Anhänger Soehartos die Partei unterstützten. Golkar war vor allem auf den Außeninseln sehr stark, wo kaum eine Rebellion stattgefunden hatte und Golkar über stabile Strukturen verfügte, die die Wahlen beeinflussen konnten. An dritter Stelle kam dann mit 12 Prozent eine islamische Partei, die Partai Kebangkitan Bangsa (PKB, Nationale Erweckungspartei). Sie war unter anderem von Abdurrahman Wahid, dem Führer der NU, am 23. Juli 1998 gegründet worden und zielte auf die NU-Klientel. Die PPP, ebenfalls eine Blockpartei aus der Neuen Ordnung, schnitt mit 10 Prozent überraschend gut ab. Das war wahrscheinlich darauf zurückzuführen, dass sie nun ein ausgesprochen islamisches Programm vertrat und somit Wähler ansprach, die eigentlich einen islamischen Staat wollten. Die eigentliche Überraschung war das relativ schlechte Abschneiden der am 23. August 1998 gegründeten Partai Amanat Nasional (PAN, Nationale Mandatspartei) des Muhammadiyah-Politikers Amien Rais mit 7,5 Prozent. Diese Partei war programmatisch breit aufgestellt und sprach sowohl Muslime als auch Nicht-Muslime an. Möglicherweise war es diese Unschärfe, die die Wähler abschreckte.

Bei den folgenden Präsidentenwahlen traten Megawati, Habibie und Abdurrahman Wahid an. Nachdem jedoch Habibie zurückgetreten war, stimmten neben PAN- auch viele Golkar-Vertreter im Parlament für Wahid, der damit – zur großen Enttäuschung Megawatis – am 22. Oktober 1999 zum Präsidenten gewählt wurde. Um die nun folgenden Unruhen auf der Straße beizulegen, überzeugte Wahid die Soekarno-Tochter, für das Vizepräsidentenamt anzutreten, was diese dann auch mit Erfolg tat.

Anfangs hatte Wahid eine breite Unterstützung im Parlament. Diese bröckelte aber zunehmend, weil er sich in vielen Personal- und Sachfragen allmählich mit den meisten Parteien überwarf.

Dazu zählte unter anderem seine Nähe zu Israel, mit dem er wirtschaftliche Beziehungen aufnehmen wollte und das er mehrfach besuchte. Seine Verhandlungen mit den acehischen Rebellen wurden ebenfalls beargwöhnt. Seine Bemühungen um eine Reform der Armee führten zu einem Zerwürfnis mit ihrer Führung. Dieses wurde noch verstärkt durch die Verstrickung von Armeeführern in den beginnenden Bürgerkrieg auf den Molukken (s. u.). Durch zunehmend ungeschicktes Agieren gegenüber den Ministern und Parteien, die ihn unterstützt hatten, verlor er seine parlamentarische Basis, bis er schließlich am 23. Juli 2001 durch ein Misstrauensvotum zu Fall gebracht und durch seine Vizepräsidentin Megawati ersetzt wurde.

Islamischer Radikalismus und Bürgerkrieg

Spätestens unter Wahids Präsidentschaft formierten sich die Kräfte, denen nichts an einer friedlichen und geordneten Transformation der Diktatur in ein demokratisches und plurales Gesellschaftssystem lag. Dazu gehörten das Militär, das seine Privilegien in Gefahr sah, die Soehartofamilie und die ihr Nahestehenden, die juristische Verfolgung fürchteten, alle, die vom korrupten System profitiert hatten, und schließlich jene, die einen ganz anderen, einen islamischen Staat wollten. Allen Genannten kam eine Destabilisierung der Gesellschaft gelegen.

Am sichtbarsten und wirksamsten in dieser Destabilisierung erwiesen sich verschiedene islamische Gruppierungen, die zur Zeit der Neuen Ordnung teils im Untergrund oder halblegal weiterexistiert hatten. Daneben gab es nach dem Sturz Soehartos auch zahlreiche Neugründungen. Das Spektrum reichte von an den nahöstlichen Muslimbrüdern orientierten fundamentalistischen Organisationen über Salafisten bis hin zu Terrorgruppen.

Mohammad Natsir mit seinem der innerislamischen Mission verschriebenen DDII wurde schon erwähnt. Er war der von Saudi-

Arabien gegründeten Islamischen Weltliga beigetreten und sogar deren Vizepräsident geworden. Damit wurde der DDII zum Einfallstor für saudischen Einfluss in Indonesien. Schon zur Soehartozeit hatte Saudi-Arabien ein eigenes Institut in Jakarta gegründet, das Propaganda im saudischen Sinne betrieb und Stipendien für Indonesier zum Studium im Nahen Osten und in Pakistan bereitstellte. Auf diese Weise kamen immer mehr junge Indonesier mit radikalen islamischen Strömungen in Kontakt. Aus dem DDII ging das Komite Indonesia untuk Solidaritas Dunia Islam (KISDI, Indonesisches Komitee für die Solidarität der Islamischen Welt) hervor, das sich zur Aufgabe machte, die «jüdisch-imperialistische Weltverschwörung» zu bekämpfen.

Einer der als Dschihadist aus Pakistan zurückkehrenden Indonesier war Jafar Umar Thalib. Er hatte enge Verbindungen zur saudischen Geistlichkeit und holte sich dort später in Form von Fatwas die Rechtfertigung für den Bürgerkrieg im Inneren. Von zahlreichen Organisationen, die hier nicht alle genannt werden können, sei nur die «Freiheitspartei» Hizbut Tahrir Indonesia erwähnt, eine international aufgestellte, 1953 in Palästina gegründete Organisation, die die Wiedererrichtung des universalen Kalifats anstrebt; ferner die Front der Verteidiger des Islam, Front Pembela Islam (FPI), die heute noch sehr aktiv ist. Das terroristische Spektrum wurde durch Abu Bakar Bashir (ind. Ba'asyir) repräsentiert, der schon in den siebziger Jahren als Mitglied des Komando Jihad von sich reden gemacht hatte und nun mehrere islamistische Gruppen gründete, die bald darauf für Bombenanschläge verantwortlich waren.

Für Jafar Umar Thalib war die Regierung Abdurrahman Wahid eine Regierung der Ungläubigen, und er nahm beginnende Unruhen auf den Molukken und in Zentralsulawesi zum Anlass, am 30. Januar 2000 den Laskar Jihad (Armee des Dschihad) mit sich selbst als Anführer zu gründen. Er rief den Heiligen Krieg aus, da der Islam in Indonesien vor der Vernichtung bewahrt werden müsse. Was nun folgte, war symptomatisch für die chaotischen

Verhältnisse jener Zeit. Wahids Befehl an die Armee, den Laskar Jihad am Eingreifen in den Molukken zu hindern, wurde schlicht nicht befolgt. Im Gegenteil, die vom Laskar Jihad benutzten Waffen stammten zumindest teilweise aus Armeebeständen. Auf den Straßen Jakartas konnten Anhänger des Laskar Jihad ungehindert Geld für den Bürgerkrieg sammeln. Von Mai 2000 bis Ende 2002 gingen die Dschihadisten gegen die Bevölkerung vor. Zentrum der Auseinandersetzungen waren die Molukken und Zentralsulawesi, obgleich es auch Versuche gab, den Dschihad nach Irian Jaya (ab 2001 in Papua umbenannt) und in andere Regionen zu tragen.

Zu dieser Zeit waren die politischen Grenzlinien verschwommen. Sie verliefen nicht zwischen demokratischen und nichtdemokratischen Kräften, sondern zwischen diversen Gruppeninteressen. Der Rechtsstaat stand kurz vor dem Zusammenbruch. Dies wurde unter anderem deutlich, als der damalige Vizepräsident und Führer der PPP, Hamzah Haz, 2002 Jafar Umar Thalib in seiner Untersuchungshaft besuchte, um ihm seine Sympathie auszudrücken. Jafar Umar Thalib war am 4. Mai 2002 verhaftet und wegen Aufhetzung und Präsidentenbeleidigung angeklagt worden. Bereits ein Jahr vorher legte man ihm zur Last, als selbsternannter Scharia-Richter eine Steinigung verhängt und vollzogen zu haben. Er wurde trotzdem nie für seine Verbrechen zur Rechenschaft gezogen, angeblich wegen mangelnder Beweise. Der Laskar Jihad wurde angeblich im Oktober 2002 aufgelöst, weil sein Zweck erfüllt sei. Dies mag mit den internationalen politischen Verwerfungen nach dem 11. September 2001 zu tun haben, die auch Saudi-Arabien dazu veranlassten, sich von terroristischen Varianten des islamischen Fundamentalismus zu distanzieren. Auf den Molukken und in Zentralsulawesi hat der Bürgerkrieg aber tiefe Wunden hinterlassen. Er hatte nicht nur ca. 9000 Todesopfer gefordert, sondern war auch mit ethnischen Säuberungen von Zehntausenden und mit Zwangskonversionen verbunden gewesen. Diese Wunden zu heilen und zu einer Versöhnung zu kommen, war ein langer Prozess. Vor allem in Sulawesi ist er immer noch nicht abgeschlossen. Dort haben sich inzwischen eigene radikale Strukturen herausgebildet und erhalten. Zentralsulawesi ist bis heute ein Rekrutierungsraum für Terroristen geblieben. Die geographische Nähe zu den Südphilippinen, wo islamisch-terroristische Strukturen fest etabliert sind, spielt dabei auch eine Rolle.

Wenige Tage nach der angeblichen Auflösung des Laskar Jihad, am 12. Oktober 2002, erfolgte der verheerende Bombenanschlag auf Bali, der mehr als 200 Menschen in den Tod riss. Kurz zuvor hatte die indonesische Regierung noch bestritten, dass es überhaupt islamischen Terrorismus in Indonesien gebe, und alle diesbezüglichen Anschuldigungen vehement von sich gewiesen. Das Attentat wurde der Gruppe Jemaah Islamiyah von Abu Bakar Ba'syir zur Last gelegt, der als Drahtzieher oder zumindest geistiger Vater des Anschlags gilt.

Die Präsidentschaft Megawatis (23. Juli 2001 bis 20. Oktober 2004) war auch von heftigen Auseinandersetzungen um das politische System geprägt. Wieder stand dabei die Frage im Mittelpunkt, ob Indonesien ein islamischer Staat sei oder werden solle. Wieder wurde die Aufnahme der Jakarta-Charta von 1945 als Verfassungspräambel von einer Reihe von Organisationen und Parteien gefordert. Ausschlaggebend war letztlich die Position der großen Organisationen Muhammadiyah und NU. In beiden hatten sich seit Beginn der Reformen Flügel herausgebildet, die sich wieder ganz im Sinne eines konservativen politischen Islam artikulierten. Die Führungen beider Organisationen machten den Schwenk zum politischen Islam aber letztendlich nicht mit. Dieser Haltung folgten dann auch die wichtigen islamischen Parteien. Der Versuch kleinerer islamistischer Parteien, im Parlament die Aufnahme der Jakarta-Charta in die Verfassung durchzusetzen, scheiterte. Der Preis für die Aufrechterhaltung der semi-säkularen Staatsordnung war indes die Islamisierung der Gesellschaft.

Vorsichtige Erneuerung unter Yudhoyono

Megawatis Präsidentschaft hatte keine durchgreifende Konsolidierung des Staates gebracht. Weder gelang es, die grassierende Korruption unter Kontrolle zu bringen, noch war die Sicherheitslage zufriedenstellend, und nach wie vor nahmen Politiker ihre Wahl als Freibrief zur Durchsetzung eigener ökonomischer Interessen. Daher konnte die Präsidentin bei den Wahlen 2004 auch nicht von einem Amtsbonus profitieren. Der Stimmenanteil ihrer PDI-P halbierte sich fast. Golkar hielt in etwa ihren Stimmenanteil und war nun stärkste Partei. Insgesamt waren die Sitze nun auf viel mehr Parteien verteilt als zuvor. Erneut schafften es die islamischen und islamistischen Parteien nicht, substanziell Stimmen zu gewinnen.

Eine weitere Partei, die erst 2002 gegründet worden war, sollte bei den auf die Parlamentswahlen folgenden Präsidentenwahlen mit ihrem Kandidaten das Rennen machen. Die Partai Demokrat war von Anhängern Susilo Bambang Yudhoyonos ins Leben gerufen worden. Dieser hatte in den Kabinetten Wahids und Megawatis politische Erfahrungen gesammelt und war als Politiker allgemein geachtet. Bei den Parlamentswahlen 2004 errang die Partai Demokrat zwar nur 7,45 Prozent der Stimmen. Sie war aber in der Lage, im Bündnis mit zwei islamistischen Parteien Yudhoyono als Präsidentschaftskandidaten zu platzieren. Yudhoyono gewann mit Jusuf Kalla von der Golkar-Partei als seinem Vizepräsidentschaftskandidaten die Präsidentenwahl und trat am 20. Oktober 2004 die erste seiner zwei Amtszeiten an.

Insgesamt gelang der Regierung ein gewisser Neuanfang. Das Verhältnis zum Militär verbesserte sich, denn Yudhoyono, ein Vier-Sterne-General, hatte exzellente Beziehungen zur Armee. Eine Kommission zur Bekämpfung der Korruption (Komisi Pemberantasan Korupsi, KPK) nahm ihre Arbeit auf. Sie war in ihrer Frühphase zwar noch in ihren Möglichkeiten eingeschränkt, hatte nur geringe Erfolge und war dem Vorwurf ausgesetzt, nur sehr selektiv gegen korrupte Beamte vorzugehen. Doch dies begann sich ab 2007 unter dem Vorsitzenden Antasari Azhar zu ändern. Die Sicherheitsorgane, allen voran die Geheimdienste, waren allerdings immer noch kaum zu kontrollieren und entzogen sich systematisch jeglichem Zugriff der Strafverfolgungsbehörden. Der aufsehenerregende Mord an dem Menschenrechtsaktivisten Munir im September 2004, bei dem mit höchster Wahrscheinlichkeit Geheimdienststellen involviert waren, wurde nie vollständig aufgeklärt.

Eine der größten innenpolitischen Leistungen der Regierung und insbesondere des Vizepräsidenten Jusuf Kalla war die Beendigung des Konflikts in **Aceh**. Unter Megawati hatte das Militär seine Aktionen in dieser Provinz noch beträchtlich ausgeweitet. Die massiven Menschenrechtsverletzungen des indonesischen Militärs gegenüber Aufständischen wie auch die summarischen Repressionen gegenüber Nichtkombattanten hatten im In- und Ausland harsche Kritik zur Folge gehabt. Erst die Regierung Yudhoyono nahm ernsthafte Verhandlungen über eine Lösung auf. Der verheerende Tsunami vom 26. Dezember 2004, bei dem ca. 170 000 Aceher ums Leben kamen, tat ein Übriges, die beteiligten Parteien zu ernsthaften Verhandlungen zu bewegen. Am 15. August 2005 wurde schließlich das Helsinki-Abkommen geschlossen, das Aceh zwar im indonesischen Staatsverband beließ, dafür aber der Provinz recht weitreichende Autonomierechte einräumte. Aceh ist heute die einzige indonesische Provinz, die über ein eigenes Strafrecht verfügt. Es ist ferner die einzige Provinz, in der rein regionale Parteien zu allgemeinen Wahlen antreten dürfen.

Stärkung des orthodoxen Islam und der Regionen

Nachdem die verfassungsmäßige Islamisierung des Staates im Parlament gescheitert war, hatten sich auch außerhalb des Parlaments die Muhammadiyah und die Nahdlatul Ulama zur *Pancasila*, zu den «Fünf Prinzipien», als ultimativer Grundlage der Staatsform bekannt. Die Reihenfolge lautet heute: Glaube an den Einen Gott – Humanismus – Nationalismus – Demokratie – soziale Gerechtigkeit. Nun verlagerte sich aber der islamische Diskurs von der staatsrechtlichen Frage zur Frage der Ausgestaltung des gesellschaftlichen Lebens. Die maßgeblichen islamischen Kräfte im Land wollten auf jeden Fall die Entwicklung zu einem rein säkularen und laizistischen Staat verhindern. Die Strategie dazu war zweigleisig. Zum einen gab es den fortwährenden Versuch, den Staat in religiöse Fragen und Auseinandersetzungen hineinzuziehen. Zum anderen wurde in der Gesellschaft selbst ein Druck zu orthodoxer Konformität aufgebaut.

Dieser Druck erfolgte und erfolgt in erster Linie durch den schon unter Soeharto gegründeten Indonesischen Ulamarat MUI. In ihm sind alle maßgeblichen islamischen zivilgesellschaftlichen Organisationen vertreten. Er gibt Rechtsgutachten – Fatwas – heraus, die festlegen, was richtig und was falsch, erlaubt und verboten ist. Obwohl diese Gutachten nicht bindend sind, werden sie weitgehend akzeptiert und von der Regierung selbst oft als Entscheidungshilfe angenommen oder sogar angefordert. Damit ist der MUI seit Beginn der Reformzeit in eine äußerst machtvolle Position hineingewachsen und hat eine quasi-staatliche Funktion. Dadurch, dass er die Leitlinien der Rechtgläubigkeit definiert, werden automatisch Ansichten, die diesen nicht entsprechen, nicht nur marginalisiert, sondern sogar dem Vorwurf der Häresie ausgesetzt. Für die Betroffenen kann das katastrophale Folgen haben. Markantestes Beispiel ist die Fatwa von 2005 zur Häretisierung der Ahmadiyyah-Sekte, deren Anhänger seitdem zahlreichen Attacken bis zum Mord ausgesetzt waren. Die Taten wurden in der Regel nicht geahndet. Im Gegenteil, die Regierung nahm die Fatwa zum Anlass, die Ahmadiyyah weitgehend in die Illegalität zu treiben. Laut Verfassung ist die Regierung aber gehalten, die Religionsfreiheit nicht nur zu gewähren, sondern auch zu schützen. Die Entscheidung von Glaubensfragen gehört nicht zu ihren Aufgaben. Diese Erwägung wird aber umgangen, indem Fragen der öffentlichen Sicherheit vorgeschoben werden. Nach diesem Argument sind es Gruppen wie Ahmayddiyah, die durch ihre bloße Existenz den öffentlichen Frieden gefährden und deswegen in ihre Grenzen verwiesen werden müssen. Die Opfer werden dadurch zu Tätern gemacht und in der Regel härter bestraft als diejenigen, die die Übergriffe begehen.

Da der MUI 2005 auch Liberalismus und Pluralismus als generell nicht islamkonform brandmarkte, wurde dies sowohl von Muhammadiyah als auch von NU zum Anlass genommen, orthodoxe Positionen in den eigenen Reihen durchzusetzen. Dadurch wurden auch radikale Kräfte eingeschränkt, allerdings in geringerem Maße. Immerhin war die Rechtfertigung von Gewalt nun nicht mehr so einfach wie zuvor.

Ein jüngeres Beispiel für die Rolle des MUI sind die Ereignisse in Sampang auf der Insel Madura vor Java, die Ende 2011 begannen. Dort hatte ein Mob die schiitische Gemeinde angegriffen, Mitglieder ermordet und Häuser verbrannt. Die örtlichen Behörden schützten die schiitische Gemeinde nicht, verbrachten sie stattdessen auf das Festland nach Java und internierten sie dort. Der örtliche MUI versuchte nicht, die Wogen zu glätten, sondern erklärte die Schiiten zu Häretikern, was die Lage verschlimmerte. Auch aus Jakarta kam keine substanzielle Hilfe. Im Gegenteil: Der damalige Religionsminister, dessen Funktion eigentlich die Förderung der Harmonie zwischen religiösen Gemeinschaften gewesen wäre, bezeichnete ebenfalls die Schia als abweichlerisch und forderte deren Anhänger auf, zum «richtigen» Glauben zu konvertieren, als Voraussetzung für Aussöhnung und Rückkehr. Glücklicherweise ließ sich der zentrale MUI nicht hinreißen, auf nationaler Ebene eine Fatwa zur Schia herauszugeben. Der Fall war nach drei Jahren aber immer noch nicht gelöst.

Über die staatliche Ebene erfolgte ebenfalls eine Art Islamisierung der Gesellschaft. Zum einen war die Yudhoyono-Regierung von islamischen Parteien abhängig. Zum anderen bedienten auch die traditionell eher säkularen Parteien wie Golkar und Partai Demokrat die islamische Klientel, um Stimmen zu gewinnen. Andersherum gesagt: Akte von Intoleranz gegenüber Minderheiten wurden nicht oder nicht konsequent verfolgt, weil man fürchtete, die eigene Wahlklientel an «islamischere» Parteien zu verlieren. So unternahm der Staat wenig, um gewalttätige Aktionen von Islamisten auf der Straße, vor allem die der Front Pembela Islam, zu beenden. Lauwarme Missbilligung und praktisch keine Verurteilungen von Gewalttätern, die Vertreter des liberalen und des pluralen Islam attackierten, prägten das Bild. Manche Regierungsinstitutionen arbeiteten sogar mit der FPI zusammen.

Ein weiteres eklatantes Beispiel ist das Antipornographiegesetz, über das einige Jahre im Parlament debattiert und das im Oktober 2008 verabschiedet wurde. In diesem Gesetz geht es weniger um die sowieso schon verbotene Pornographie als vielmehr darum, islamische Moralvorstellungen in der gesamten, auch der nicht-islamischen Gesellschaft durchzusetzen. Teilweise waren absurde Strafmaßnahmen vorgesehen, etwa mehrjährige Haftstrafen für einen Kuss auf den Mund in der Öffentlichkeit. Auch verschärfte Kleidungsvorschriften waren Gegenstand heftiger Debatten. Neben der modern eingestellten städtischen Bevölkerung waren es vor allem die traditionellen Völker Indonesiens, die ihre kulturelle Eigenart in Gefahr sahen. Daher ging der Widerstand gegen das Gesetz auch besonders stark von den nicht-islamischen Provinzen, vor allem Bali und Papua, aus. Bali drohte zeitweise sogar mit dem Austritt aus dem indonesischen Staatsverband. Nach einiger Verwässerung wurde das Gesetz schließlich mit großer Mehrheit verabschiedet. Bis auf die PDI-P waren alle Parteien dafür, weil sie sich nicht dem Vorwurf aussetzen wollten, sie würden Unsittlichkeit unterstützen. Heute ist das Gesetz so schwammig, dass es in vielen Regulierungen alle möglichen Interpretationen zulässt.

Ein weiteres Charakteristikum der neuen Ära ist die Regionalisierung. Regionalisierung bedeutet zweierlei: zum einen die Verlagerung von Kompetenzen von der Zentrale auf die Provinzen, zum anderen auch die Neugründung von Provinzen und Verwaltungseinheiten auf den unteren Ebenen. Auf diese Weise sind seit dem Beginn der Reformzeit acht Provinzen hinzugekommen, heute sind es insgesamt 34. Ziel war es, die Übermacht der Zentrale, die die Provinzen zur Zeit der Alten und vor allem der Neuen Ordnung so leidvoll erfahren hatten, einzuschränken und der Diversität der vielen Ethnien und Gemeinschaften Indonesiens Rechnung zu tragen. Dies wurde teilweise auch erreicht.

Andererseits beförderte die Neugründung von Verwaltungseinheiten im Zusammenspiel mit der Übertragung von Kompetenzen in vielen Regionen eine enorme Ausweitung von Korruption und Vetternwirtschaft. Vor allem dort, wo gut etablierte Netzwerke alter Eliten und wenig öffentliche Kontrolle existierten, waren dem Missbrauch Tür und Tor geöffnet. Unrühmliches Beispiel ist das der Gouverneurin des westjavanischen Banten, Ratu Atut Chosiyah, die ihre Amtszeiten seit 2005 zum Aufbau einer immer reicher und mächtiger werdenden Familiendynastie nutzte, gleichzeitig aber die Provinz herunterwirtschaftete. Sie wurde 2014 ihres Amtes enthoben und angeklagt.

Eine weitere Folge der Regionalisierung war die extreme Ausweitung von regionalen Verordnungen. Eigentlich dazu gedacht, den regionalen Besonderheiten Rechnung zu tragen, dienen viele dieser Verordnungen heute lediglich dazu, bestimmte Auffassungen von Sitte und Religion durchzusetzen. Die Inhalte sind vielfältig, oft handelt es sich aber um Kleidervorschriften oder Vorschriften zum Verhalten der beiden Geschlechter in der Öffentlichkeit. Ferner gibt es Regelungen zur islamischen Almosensteuer, die zum Beispiel von allen Staatsbediensteten einer bestimmten Region gezahlt werden muss, und Ähnliches mehr. Im Prinzip müsste die indonesische Regierung, um ihrem Verfassungsauftrag nachzukommen, all diese Verordnungen, die teilweise massiv gegen das Gebot der Geschlechtergleichberechtigung und andere Verfassungsprinzipien verstoßen, auf ihre Verfassungskonformität untersuchen. Diesem Problem stellt sie sich bisher aber nicht.

Auf gutem Wege? Indonesien heute

In den beiden Amtszeiten Yudhoyonos hat das Land eine beachtliche Stabilisierung erfahren. Vor allem die Einbindung der politischen Kräfte, die den Staat vorher in seiner bestehenden Form in Frage stellten, hat erheblich dazu beigetragen. Der Grundkonsens in der Gesellschaft ist insgesamt breiter geworden. Die positive wirtschaftliche Entwicklung hat ebenfalls zu dieser Verbesserung beigetragen. Von allgemeiner Harmonie zu sprechen, wäre indes verfehlt. Noch immer gibt es Gruppen, die Unfrieden säen, um die dann entstehenden Spannungen für ihre Zwecke auszunutzen. Dies wird immer wieder begünstigt durch die Zurückhaltung oder Unentschlossenheit von Politik und Strafverfolgungsbehörden, konsequent gegen solche Gesetzesverstöße vorzugehen. Islamistische Übergriffe haben heute in der Regel lokale Auslöser oder werden in Regionen, in denen ohnehin schon Spannungen herrschen, von außen hineingetragen. Im Allgemeinen hat sich aber das Zusammenleben der verschiedenen Religionen, religiösen Strömungen und Ethnien wesentlich verbessert und harmonisiert.

Die unter Yudhoyono unternommenen Versuche zur Eindämmung der Korruption werden fortgeführt. Die dazu eingerichtete Kommission KPK verfügt nicht nur über Kompetenzen für Ermittlungen, sondern auch über exekutive Befugnisse, sie kann also Verdächtige verhaften. Dies hat sich als sehr wirksam erwiesen. Allerdings haben die Erfolge der Behörde ihr auch viele Feinde beschert. Dazu gehören Politiker ebenso wie korrupte Beamte in Justiz und Polizei, die natürlich alles daran setzen, die Arbeit der KPK zu behindern oder auch einzuschränken. Indonesien ist heute alles andere als korruptionsfrei, es rangiert (2013) bei Transparency International auf Platz 114 von 175 (zum Vergleich: Singapur auf Platz 5).

Die Parlaments- und Präsidentenwahlen 2014 brachten einige zukunftsweisende Resultate. Die Partai Demokrat von Yudhoyono erhielt nur noch etwa halb so viel Stimmen wie 2009. Hauptgrund war die Unentschlossenheit des Präsidenten in seinen letzten Amtsjahren, die mangelnde Kontrolle über sein eigenes Kabinett und seine beständigen Rücksichtnahmen auf die Koalitionspartner. Auf der anderen Seite stand das erhebliche Erstarken von mehr säkular ausgerichteten Parteien, allen voran Megawatis PDI-P und der neugegründeten NASDEM, die viele Stimmen von der Partai Demokrat abzog, sowie der grundsätzlich ebenfalls säkular orientierten Gerindra von General Prabowo Subianto. Bei den Parlamentswahlen vom 9. April 2014 wurde die PDI-P stärkste Partei mit fast 19 Prozent der Stimmen. Die islamischen Parteien konnten zwar einige Prozentpunkte hinzugewinnen, das ging aber zum erheblichen Teil auf das Konto der gemäßigten PKB.

Bei den am 9. Juli 2014 folgenden Präsidentenwahlen wurde erstmals der Präsident direkt vom Volk gewählt. Es traten zwei säkular orientierte Kandidaten an: Joko Widodo, der von der PDI-P im Bündnis mit weiteren säkularen Parteien sowie der PKB aufgestellt worden war, und Prabowo von der Gerindra im Bündnis mit fast allen islamischen Parteien und der Unterstützung einiger radikaler islamischer Zivilorganisationen einschließlich der FPI. Joko Widodo, genannt Jokowi, gewann die Wahl mit mehr als 53 Prozent. Damit waren die islamischen Parteien bis auf die PKB erstmals von einer direkten Beteiligung an der Regierungsverantwortung ausgeschlossen. Beide Wahlen waren somit ein Beweis dafür, dass der *Pancasila*-Staat in der Bevölkerung verankert ist und radikale Parolen keinen entscheidenden Widerhall mehr finden. Die Wahlen liefen weitgehend friedlich ab. Unregelmäßigkeiten wie Stimmenkauf und Wahlbetrug hatten erheblich abgenommen. Zunehmend hatten inhaltliche Positionen in den Wahlkämpfen Wirkung gezeigt, das bloße Appellieren an ethnische oder religiöse Zugehörigkeiten ist immer wirkungsloser geworden.

Letzteres hatte sich schon bei den Gouverneurswahlen Ende 2012 in Jakarta abgezeichnet, als der jetzige Präsident Jokowi im Gegensatz zu seinem Kontrahenten, der von den islamischen Parteien unterstützt wurde, einen säkular ausgerichteten, pragmati-

Skyline der Metropole Jakarta, 2014

schen Wahlkampf geführt hatte. Vizegouverneur wurde Ahok, ein ethnischer Chinese christlichen Glaubens. Nach Jokowis Wahl zum Präsidenten 2014 wurde Ahok der erste christliche und chinesischstämmige Gouverneur Jakartas.

Heute präsentiert sich Indonesien als eine sehr dynamische Nation – politisch, wirtschaftlich und gesellschaftlich. Mehr als 15 Jahre nach dem Sturz der Diktatur ist das Land auf dem Weg zu einem demokratischen Gemeinwesen ein bedeutendes Stück vorangekommen. Der Staat, der kurz nach dem Ende der Neuen Ordnung an seinen inneren Widersprüchen zu zerbrechen drohte, ist heute trotz aller verbliebenen Probleme erstaunlich stabil. Die wichtigsten Konfliktregionen sind entweder, wie im Fall Osttimors, unabhängig geworden oder, wie im Fall Acehs, integriert. Die einzige Region, in der die Zugehörigkeit zu Indonesien noch substanziell in Frage gestellt wird, ist Papua, das ehemalige Irian Jaya. Dieses Problem wird nur durch eine wirtschaftliche Entwicklung, an der die einheimischen Papua und Melanesier partizipieren, und durch den Schutz einer eigenen regionalen Identität gelöst werden können.

In Indonesien insgesamt ist die Zivilgesellschaft heute stärker denn je. Die Pressefreiheit und die Freiheit, sich zu organisieren und zu artikulieren, sind beispielhaft für Südostasien. Das System von *checks and balances* und die Kontrolle der Staatsorgane durch die Öffentlichkeit sind trotz aller Probleme bei der Entwicklung des Rechtsstaates auf einem guten Weg. Dass dabei regionale Disparitäten vorhanden sind, ist verständlich und unvermeidbar. Manche Provinzen, vor allem auf Java, und dort insbesondere der Großraum Jakarta, sowie einige rohstoffreiche Gebiete auf Sumatra, liegen mit ihrer ökonomischen und sozialen Entwicklung weit vor anderen Regionen; dagegen schneiden rohstoff- und industriearme Gebiete vor allem auf den kleinen Inseln im Osten des Landes, aber auch einige Teile Kalimantans und Sulawesis im Vergleich sehr ungünstig ab. Dies ist für die Zukunft des Inselstaates eine große Herausforderung, denn dem entsprechen auch große Unterschiede im Niveau der persönlichen Freiheit, der individuellen Menschenrechte und der Demokratisierung. Den fortschrittlichen großstädtischen Regionen Javas stehen auf Provinz- und vor allem Regierungsbezirksebene Regionen gegenüber, in denen partikulare Interessen das Leben der Bürger durch Regionalverordnungen reglementieren und einschränken. Die oft gegebene Begründung, dies entspreche der kulturellen Eigenart der Region, ist in den meisten Fällen nur vorgeschoben. Hier liegt in der Zukunft eine wichtige Aufgabe für die Zentralregierung, die sich ihrer Verantwortung für das ganze Land nicht entziehen darf.

Anhang

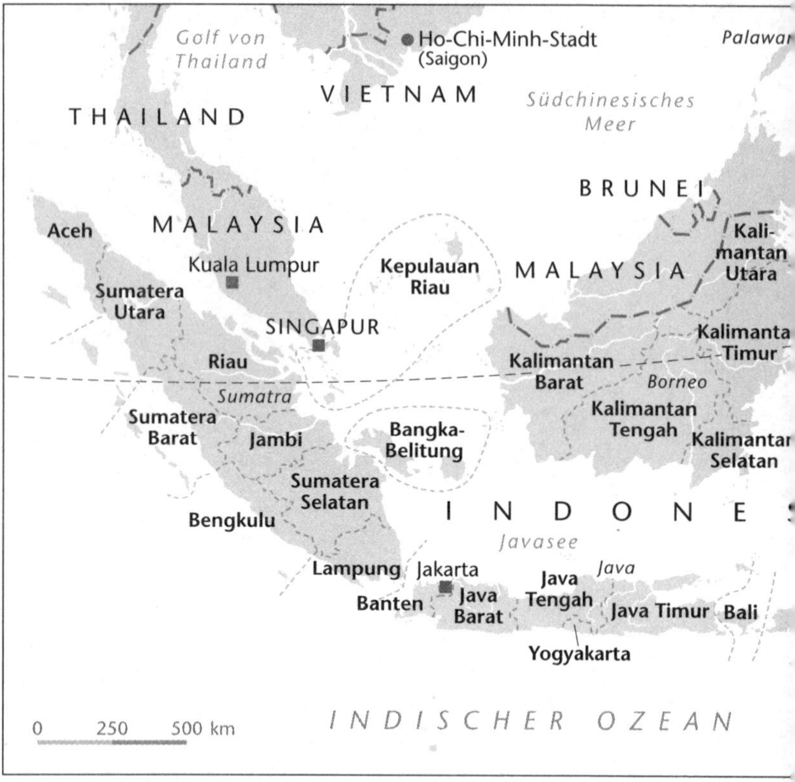
Golf von Thailand
Ho-Chi-Minh-Stadt (Saigon)
Palawan
VIETNAM
Südchinesisches Meer
THAILAND
BRUNEI
Aceh
MALAYSIA
Kuala Lumpur
Kepulauan Riau
MALAYSIA
Kalimantan Utara
Sumatera Utara
SINGAPUR
Kalimantan Timur
Riau
Kalimantan Barat
Borneo
Sumatra
Kalimantan Tengah
Sumatera Barat
Jambi
Bangka-Belitung
Kalimantan Selatan
Sumatera Selatan
Bengkulu
INDONES
Javasee
Lampung
Jakarta
Java
Java Tengah
Banten
Java Barat
Java Timur
Bali
Yogyakarta
0 250 500 km
INDISCHER OZEAN

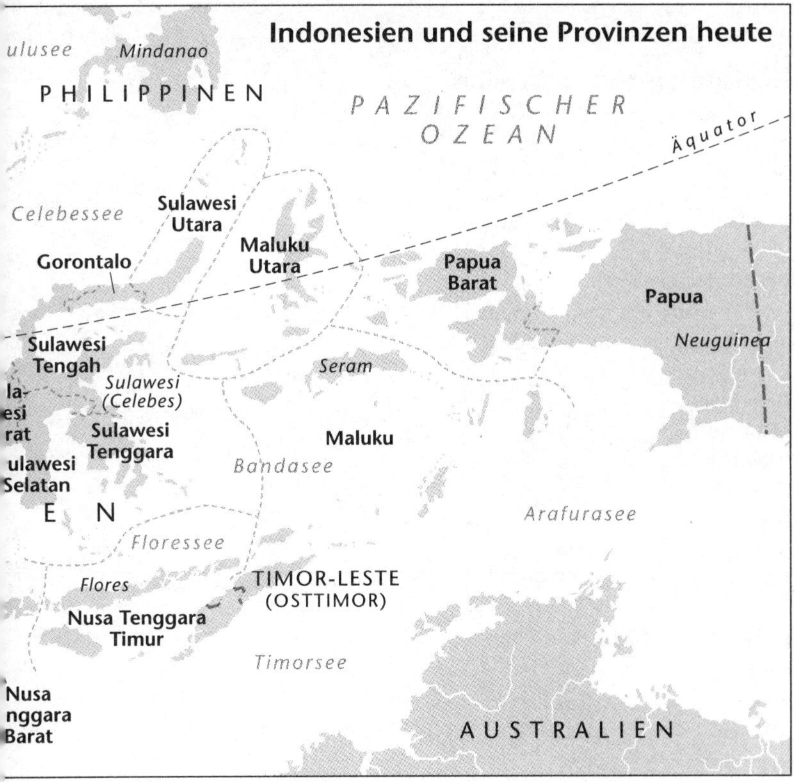
Indonesien und seine Provinzen heute
ulusee
Mindanao
PHILIPPINEN
PAZIFISCHER
OZEAN
Äquator
Celebessee
Sulawesi
Utara
Maluku
Utara
Gorontalo
Papua
Barat
Papua
Neuguinea
Sulawesi
Tengah
Sulawesi
(Celebes)
Seram
la-
esi
rat
Sulawesi
Tenggara
Maluku
ulawesi
Selatan
Bandasee
E N
Arafurasee
Floressee
Flores
TIMOR-LESTE
(OSTTIMOR)
Nusa Tenggara
Timur
Timorsee
Nusa
nggara
Barat
AUSTRALIEN

Basisdaten zu Indonesien

Offizieller Name: Republik Indonesia

Fläche: 1 912 988 km² (14. Weltrang)

Bevölkerung: 249 866 000 (4. Weltrang)
130 Einwohner pro km² bei sehr ungleicher Verteilung: mehr als 1000 auf Java und weniger als 10 auf Neuguinea

Religionen:

Muslime	87%
Protestanten	7%
Katholiken	3%
Hindus	2%
Buddhisten	1%

Daneben gibt es wenige Konfuzianer und Angehörige indigener Religionen.

Die größten Ethnien:

Javaner	41,7%	Austronesier
Sundanesen	15,4%	Austronesier
Malaien	3,4%	Austronesier
Maduresen	3,3%	Austronesier
Batak	3,0%	Austronesier
Minangkabau	2,7%	Austronesier
Betawi	2,5%	Austronesier
Buginesen	2,5%	Austronesier
Bantenesen	2,1%	Austronesier

Melanesier auf Neuguinea und vorgelagerten Inseln
zugewanderte Minderheiten wie Chinesen, Araber und Inder

Die größten Städte:

Jakarta	9,5 Mio. (Hauptstadt)
Surabaya	2,8 Mio.
Bandung	2,4 Mio.
Bekasi	2,4 Mio. (Großraum Jakarta)

Medan	2,1 Mio.
Tangerang	1,8 Mio. (Großraum Jakarta)
Depok	1,7 Mio. (Großraum Jakarta)
Semarang	1,5 Mio.
Palembang	1,4 Mio.
Makassar	1,3 Mio.
Tangerang Selatan	1,3 Mio. (Großraum Jakarta)
Bogor	1,0 Mio. (Großraum Jakarta)

Geographie und Klima:
Tropisch und meist gebirgig; vulkanreichstes Land der Welt; Inselreich mit mehr als 15 000 Inseln, darunter sehr große wie die Großen Sundainseln Borneo/Kalimantan, Sumatra, Java sowie die Kleinen Sundainseln östlich davon und ein Teil Neuguineas

Wirtschaftliche Grundlagen:
Tropische Landwirtschaft mit Reisanbau und Plantagenwirtschaft sowie Fischfang; Bodenschätze einschließlich Erdöl, Erdgas, Kupfer, Zinn, Gold, Nickel usw.; starke verarbeitende Industrie vor allem auf Java

Wirtschaftskraft:
Bruttoinlandsprodukt: knapp 900 Mrd. US-$
Realer Zuwachs: 5,3% (2013)
Bruttonationaleinkommen pro Einwohner: ca. 3580 US-$
Ein Viertel der Bevölkerung lebt unter der Armutsgrenze.

Politisches System:
Präsidiale Demokratie mit Direktwahl des Präsidenten durch das Volk; Parlament mit zwei Kammern, davon eine direkt gewählt und eine als Repräsentanz der Provinzen
34 Provinzen mit einem direkt gewählten Gouverneur an der Spitze; darunter Regierungsbezirke und darauf folgend Kreise

Zeittafel

Vorgeschichte

<table>
<tr><th>Westlicher Archipel: Sumatra, Malaiische Halbinsel, Borneo</th><th>Java</th><th>Östliche Außeninseln</th></tr>
<tr><td></td><td>Älteste Funde des Homo erectus, der vor 0,9–1,5 Mio. Jahren auf Java lebte,
danach anscheinend durchgehende Besiedlung</td><td>Vor ca. 39 000 Jahren: Felszeichnungen in Südsulawesi
Bis vor ca. 18 000 Jahren: Homo floresiensis auf der Insel Flores</td></tr>
<tr><td colspan="3">Bis zum 1. Jahrtausend v. Chr.: Vorherrschaft negrider und weddider Völker im Archipel
Ab dem 1. Jahrtausend v. Chr.: Allmähliche Dominanz der Austronesier</td></tr>
</table>

Frühgeschichte

<table>
<tr><th>Westlicher Archipel: Sumatra, Malaiische Halbinsel, Borneo</th><th>Java</th><th>Östliche Außeninseln</th></tr>
<tr><td colspan="3">Ab Mitte des 1. Jahrtausends v. Chr.: Allmähliche Einbeziehung des Archipels in den interlokalen Austausch
Vor der Zeitenwende: Kontakte nach Indien
Um die Zeitenwende: Spuren der Dong-Son-Bronzekultur im ganzen Archipel
Nach der Zeitenwende: Regelmäßige Kontakte nach China</td></tr>
<tr><td>Ca. 400: Inschrift von Kutai</td><td>5. Jh.: Inschriften in Westjava</td><td></td></tr>
<tr><td colspan="3">Ab dem 6. Jh.: Stabilisierung kleinerer Königreiche auf Java und Sumatra</td></tr>
</table>

Indisierte Königreiche und Islamisierung

Allgemeines	Westlicher Archipel: Sumatra, Malaiische Halbinsel, Borneo	Java	Östliche Außeninseln
	7. bis 13. Jh.: Königreich Srivijaya	8. Jh.: Entstehen der Shailendra-Dynastie des 1. Mataram-Reiches Um 800: Bau des Borobudur-Tempels Um 850: Bau des Prambanan-Tempels Um 900: Verlagerung des Reiches von Mittel- nach Ostjava	
960–1279: Song-Dynastie in China	1025: Angriff der Cola auf Srivijaya	Mitte 11. Jh.: Teilung des Reiches und Kadiri-Periode	
1249–1517: Mamluken-Dynastie in Ägypten	1275: javanischer Feldzug gegen Sumatra	1222–1292: Reich Singhasari	
Bis 1279: Reich der Cola in Südindien 1279–1368: Yuan-Dynastie (Mongolen) in China	1292: nachweislich erstes muslimisches Königreich in Nordsumatra	1292: Angriff der Mongolen auf Java 1292 – Anfang 16. Jh.: Großreich Majapahit	
1368–1644 Ming-Dynastie in China	Ca. 1400: Gründung von Malakka		Ab Mitte des 14. Jh.: Javanischer Einfluss auf Bali Im 14. Jh.: Der ganze Osten unter Majapahits Einfluss
Ab Mitte des 15. Jh.: Goldenes Zeitalter des Handels	Um 1500: Gründung des Sultanats Aceh	1. Hälfte 15. Jh.: Beginn der Islamisierung der javanischen Nordküste	Ende des 15. Jh.: Majapahit-Fürstenhaus emigriert nach Bali Mitte des 15. Jh.: Islamisierung der Nord-Molukken (Ternate)
		1527: Errichtung des Sultanats Banten in Westjava	
			1605: Islamisierung Makassars

Kolonialgeschichte bis Ende des 17. Jahrhunderts

Allgemeines	Westlicher Archipel: Sumatra, Malaiische Halbinsel, Borneo	Java	Östliche Außeninseln
Ab 1299: Dynastie der Osmanen 1498: Portugiesen entdecken den Seeweg nach Indien			
1512–1687: Golkonda-Sultanat in Südindien	1512: Portugiesen erobern Malakka		1512: Portugiesen erreichen die Molukken 1520: Portugiesen auf Timor
	1524: Vertreibung der Portugiesen aus Nordsumatra		
1565: Spanier beginnen mit der Kolonisierung der Philippinen 1581: Niederlande erklären die Unabhängigkeit von Spanien 1602: Gründung der Niederländischen Ostindien-Kompanie (VOC)		1596: Erste Holländer erreichen Java.	1605: Übernahme von Ambon durch die VOC
	1641: Eroberung Malakkas durch die Holländer	1619: Batavia (Jakarta) wird Hauptstadt der VOC im Archipel. Sultan Agung von Mataram (reg. 1613–1646) ist mächtigster Widersacher der VOC auf Java.	
	1663: Vertrag von Painan und Gründung Padangs in Westsumatra		1653: Niederländischer Verwaltungssitz in Kupang auf Timor 1658: Niederländisches Fort in Manado/Nordsulawesi 1669: Die Niederländer okkupieren Makassar
	1685: Gründung von Bencoolen (Bengkulu) durch die britische East India Company	1679: Niederschlagung des Trunojoyo-Aufstandes in Mataram, Niedergang Matarams 1680: Unterwerfung Bantens	

Niederländisch-indisches Kolonialreich, 18. bis 19. Jahrhundert

Allgemeines	Westlicher Archipel: Sumatra, Malaiische Halbinsel, Borneo	Java	Östliche Außeninseln
		1740: Pogrom gegen Chinesen in Batavia, Java-Aufstand 1746: Weitgehende Entmachtung Matarams und Abtretung der Nordküste an die Niederländer 1755: Aufteilung Matarams in Yogyakarta und Surakarta im Vertrag von Gianti	
1780–1783: englisch-niederländischer Krieg 1799: Auflösung der VOC 1806: Auflösung der Batavischen Republik durch Napoleon		1811–1816: Britisches Interregnum	
1819: Gründung von Singapur 1824: Aufteilung der britisch-niederländischen Einflusssphären im Londoner Vertrag	1821–1837: Eingreifen der Holländer in die Padrikriege in Westsumatra 1825: Auflösung des Sultanats von Palembang 1834–1888: Annexion der Ostküste Sumatras	1825–1830: Java-Aufstand unter Prinz Diponegoro 1830: Beginn des Zwangsanbaus auf Java	1838: Unterwerfung Bones in Südsulawesi
1869: Eröffnung des Suez-Kanals	1854: Unterwerfung der Chinesen an der Westküste Borneos und Auflösung des Sultanats Sambas 1860: Auflösung des Sultanats Banjarmasin und Krieg bis 1905 1873: Beginn des Aceh-Krieges		

1907: Letzter Widerstand der Batak in Nordsumatra gebrochen.		1882: Nordbali unter direkter holländischer Verwaltung 1894: Lombok-Feldzug 1908: Unterwerfung des letzten balinesischen Fürstentums Klungkung 1916: Vertrag mit Portugal über die Grenzziehung auf Timor 1893–1895: Festlegung der Grenze auf Neuguinea

Späte Kolonialzeit und japanische Besatzung

Allgemeines	Indonesien
1890–1948. Regierungszeit von Königin Wilhelmina	1870–1900: Sogenannte Liberale Periode nach 1900: Ethische Politik 1908: Gründung von Budi Utomo 1911–1913: Indische Partij 1911: Gründung der Sarekat Islam 1912: Gründung der Muhammadiyah
1914–1918. Neutralität der Niederlande im Ersten Weltkrieg	1914: Gründung der Indische Sociaal-Democratische Vereeniging, ab 1924 Kommunistische Partei 1926: Aufstand und Zerschlagung der Kommunistischen Partei 1927: Gründung der Nahdlatul Ulama 1927: Gründung der Partai Nasional Indonesia durch Soekarno 1928: Jugendkongress als Meilenstein der nationalistischen Bewegung
1937. Beginn des japanisch-chinesischen Kriegs	
10. Mai 1940. Besetzung der Niederlande durch deutsche Truppen	10. Jan. 1942: Angriff der Japaner auf Südostasien 8. März 1942: Kapitulation der Niederlande
15. Aug. 1945: Bedingungslose Kapitulation Japans	17. Aug. 1945: Erklärung der Unabhängigkeit Indonesiens durch Soekarno

Unabhängigkeitskampf und moderner Nationalstaat

18. Aug. 1945	Soekarno wird erster Präsident der indonesischen Republik
11. Nov. 1945	Schlacht von Surabaya
März 1946:	Abzug der britischen Besatzungstruppen
12. Nov. 1946	Abkommen von Linggajati
25. März 1947	Anerkennung der Republik durch Großbritannien und die USA
7. Mai 1949	Roem-van-Royen-Abkommen
27. Dez. 1949	Anerkennung der indonesischen Unabhängigkeit durch die Niederlande
14. Aug. 1950	Errichtung des Einheitsstaates
1955	Bandung-Konferenz
Sept. 1955	Erste Parlamentswahlen
1957	Einführung von Soekarnos Gelenkter Demokratie
1958	Rebellionen auf Sumatra und Sulawesi
1960	Parteienverbote
1960	Abbruch der diplomatischen Beziehungen zu den Niederlanden
1963	Übergabe von Neuguinea an Indonesien; Beginn der Konfrontationspolitik gegenüber Malaysia
1. Okt. 1965	Putsch und Gegenputsch, danach Massaker an den Kommunisten
Aug. 1967	Indonesien wird Gründungsmitglied der ASEAN
1968	Soeharto wird offiziell Präsident Indonesiens
1968–1998	Zeit der Orde-Baru-Regierung Soehartos
21. Juni 1970	Tod Soekarnos
1975	Annexion Osttimors durch Indonesien
1975	Ende des Indochina-Krieges
1997	Asien-Krise
Mai 1998	Revolte im Zuge der Asien-Krise
21. Mai 1998	Rücktritt Soehartos, Ende der Orde-Baru-Zeit
1999	Osttimor stimmt für die Unabhängigkeit, die 2002 gewährt wird
7. Juni 1999	Erste freie Parlamentswahlen seit 1955
22. Okt. 1999	Abdurrahman Wahid (Gus Dur) wird erster frei gewählter Präsident
2000–2002	Bürgerkrieg in den Molukken

12. Okt. 2002	Erster Bombenanschlag auf Bali
23. Juli 2001–20. Okt. 2004	Präsidentschaft von Megawati Soekarnoputri
20. Okt. 2004–20. Okt. 2014	Präsidentschaft von Susilo Bambang Yudhoyono
26. Dez. 2004	Verheerender Tsunami in Aceh und Nordsumatra
15. Aug. 2005	Helsinki-Abkommen zur Befriedung des Bürgerkriegs in Aceh
9. Juli 2014	Wahl von Joko Widodo in erster direkter Wahl zum Präsidenten

Anmerkungen

1 Nach Schulze, F.: «Sprachen und Schrifttraditionen im indonesischen Archipel», in: Eggebrecht, A. & E. (s. Literaturverzeichnis), S. 264.

2 Nicht zu verwechseln mit dem zweiten Reich Mataram ab dem 16. Jahrhundert oder mit dem hinduistischen Königreich Mataram auf Lombok.

3 Die bekannteste und vollkommenste Steinskulptur Indonesiens soll die als Prajñaparamita, die Göttin der Transzendenten Weisheit, vergöttlichte Ken Dedes darstellen.

4 Eine Kolossalstatue aus Sumatra, die aus dem 14. Jahrhundert datiert, belegt dies eindeutig. Eine ausführliche Beschreibung findet sich in *Versunkene Königreiche Indonesiens* (Hg. Arne & Eva Eggebrecht), Mainz 1995, Nr. 104; für eine Bhairava-Statue aus Singhasari siehe auch ebd. Nr. 103.

5 Der Theravada-Buddhismus im heutigen festländischen Südostasien ist das Ergebnis einer fundamentalistischen Erneuerungsbewegung zu einer Zeit, in der die indonesische Inselwelt bereits in einem Islamisierungsprozess begriffen war.

6 Die *Hikayat Raja Pasai* weist deutlich mehr animistische als indische Elemente auf (vgl. dazu u. a. Fritz Schulze: Abstammung und Islamisierung als zentrale Momente der Legitimation von Herrschaft in der traditionellen malaiischen Geschichtsschreibung – Ein Beitrag zur Geschichte der malaiischen Literatur, Wiesbaden 2004).

7 Zu den javanischen Besonderheiten s. weiter unten.

8 Nicht zu verwechseln mit den beiden altjavanischen und neujavanischen Königreichen gleichen Namens.

9 Die Schätzungen liegen extrem weit auseinander. Die Library of Congress spricht gar von 4 bis 10 Millionen Arbeitern.

10 Pramoedya Ananta Toer: Stilles Lied eines Stummen – Aufzeichnungen aus Buru, Bad Honnef 2000.

Literatur

Allgemeines

Cribb, R.: *Historical atlas of Indonesia*, London: Curzon Press, 2000

Eggebrecht, A. & E. (Hg.): *Versunkene Königreiche Indonesiens*, Kataloghandbuch, Mainz: Zabern, 1995

Hall, D. G. E.: *A history of South-East Asia*, London und Basingstoke: Macmillan, [4]1981

Ricklefs, M. C.: *A history of modern Indonesia since c. 1300*, Houndmills: Macmillan Press, [2]1993

Von der Frühzeit bis zu den ersten Fürstentümern

Bellwood, P.: *Prehistory of the Indo-Malaysian Archipelago*, Honolulu: University of Hawaii Press, [2]1997

Marschall, W.: «Die javanische Frühgeschichte im südostasiatischen Rahmen», in: A. & E. Eggebrecht (s. o.), S. 28–41

Wheatley, P.: *The Golden Khersonese – Historical geography of the Malay Peninsula before A. D. 1500*, Kuala Lumpur: Penerbit Universiti Malaya, 1961

Die indisierten Königreiche Sumatras und Javas

Klokke, M. J.: «Von Tarumanagara bis Majapahit – Die Geschichte Alt-Javas», in: A. & E. Eggebrecht (s. o.), S. 77–92

–: «Hinduismus und Buddhismus in Indonesien bis 1500», in: A. & E. Eggebrecht (s. o.), S. 168–182

Kulke, H.: «Srivijaya – Ein Großreich oder die Hanse des Ostens?», in: A. & E. Eggebrecht (s. o.), S. 46–76

Wolters, O. W.: *The Fall of Śrīvijaya in Malay history*, London: Lund Humphries, 1970

Wheatley, P.: s. o. zu «Von der Frühzeit …»

Die Islamisierung Indonesiens

Reid, A.: *Southeast Asia in the age of commerce 1450–1680*, Bd. 2: *Expansion and crisis*, New Haven: Yale University Press, 1993

Das Vordringen der Europäer

Boxer, C. R.: *The Dutch seaborne empire 1600–1800*, London: Hutchinson, ^{4}1977

Parthesius, R.: *Dutch ships in tropical waters. The development of the Dutch East India Company (VOC) shipping network in Asia 1595–1660*, Amsterdam: Amsterdam University Press, 2010

Schmitt, E. et al. (Hg.): *Kaufleute als Kolonialherren. Die Handelswelt der Niederländer vom Kap der Guten Hoffnung bis Nagasaki 1600–1800*, Kataloghandbuch, Bamberg: C. C. Buchner, 1988

Das niederländisch-indische Kolonialreich

Tate, D. J. M.: *The making of modern South-East Asia*, Bd. 1: *The European conquest*, Kuala Lumpur/Singapur: Oxford University Press, 1971

–: *The making of modern South-East Asia*, Bd. 2: *Economics and social change*, Kuala Lumpur: Oxford University Press, 1979

Die späte Kolonialzeit bis zum Zweiten Weltkrieg

Cribb, R. (Hg.): *The late colonial state in Indonesia. Political and economic foundations of the Netherlands Indies 1880–1942*, Leiden: KITLV Press, 1994

Noer, D.: *The modernist Muslim movement in Indonesia 1900–1942*, Singapur/Kuala Lumpur: Oxford University Press, 1973

Japanische Besatzung und Kampf für die Unabhängigkeit

Benda, H. J.: *The Crescent and the Rising Sun. Indonesian Islam under the Japanese occupation 1942–1945*, Den Haag: van Hoeve, o. J. (1958)

Raben, R.: *Representing the Japanese occupation of Indonesia. Personal testimonies and public images in Indonesia, Japan, and The Netherlands*, Zwolle: Waanders, 1999

Reid, A.: *The Indonesian national revolution 1945–1950*, Westport/Conn.: Greenwood Press, 1986

Die Konsolidierung des Staates unter Soekarno

Feith, H.: *The decline of constitutional democracy in Indonesia*, Ithaca/N. Y.: Cornell University Press, 1962

Lev, D. S.: *The transition to Guided Democracy – Indonesian politics 1957–1959*, Ithaca/N. Y.: Cornell University Press, 1966

Mortimer, R.: *Indonesian communism under Soekarno. Ideology and politics 1959–1965*, Ithaca/N. Y.: Cornell University Press, 1974

Dreißig Jahre Soeharto-Diktatur

Elson, R. E.: *Suharto. A Political Biography*, Cambridge: Cambridge University Press, 2001

Ufen, A.: *Herrschaftsfiguration und Demokatisierung in Indonesien (1965–2000)*, Hamburg: IFA, 2002

Indonesien seit 1998

Crouch, H. A.: *Political Reform in Indonesia after Soeharto*, Singapore: ISEAS, 2010

Zur Geschichte der Regionen

Literatur über die zahlreichen Regionen Indonesiens ist selten in Monographien dargelegt. Zahlreiche Artikel befinden sich in schwer zugänglichen wissenschaftlichen Zeitschriften. Wichtige Informationen finden sich in allgemeinen Werken, so zum Beispiel in D. J. M. Tate: *The Making of modern South-East Asia*, Bd. 1: *The European conquest*, Kuala Lumpur/Singapur: Oxford University Press, 1971

1. Molukken

Andaya, L. Y.: *The World of Maluku. Eastern Indonesia in the early modern period*, Honolulu: University of Hawaii Press, 1993

Knaap, G.: *Kruidnagelen en Christenen. De VOC en de bevolking van Ambon 1656–1696*, Leiden: KITLV, 2004

2. Sumatra

Drakard, J.: *A kingdom of words. Language and power in Sumatra*, Oxford: Oxford University Press, 1999

Graf, A. et al. (Hg.): *Aceh. History, politics and culture*, Singapur: ISEAS, 2010
Kahin, Au.: *Rebellion to integration. West Sumatra and the Indonesian polity*, Amsterdam: Amsterdam University Press, 1999
Kahn, J. L.: *Constituting the Minangkabau. Peasants, culture and modernity in colonial Indonesia*, Oxford: Berg, 1993
Reid, A.: *The Contest for North Sumatra. Atjeh, the Netherlands and Britain 1858–1898*, Kuala Lumpur, Singapur: Oxford University Press, 1969
Reid, A. (Hg.): *Veranda of Violence. The background to the Aceh problem*, Singapur: Singapore University Press, 2006
Vos, R.: *Gentle Janus, Merchant Prince. The VOC and the tightrope of diplomacy in the Malay world, 1740–1800*, Leiden: KITLV Press, 1993

3. Bali und Kleine Sundainseln

Hobart, A. et al.: *The peoples of Bali*, Oxford: Blackwell, 1996
Schulte Nordholt, H.: *The spell of power. A history of Balinese politics 1650–1940*, Leiden: KITLV Press, 1996

4. Borneo/Kalimantan

Graham, I.: *Nineteenth century Borneo. A study in diplomatic rivalry*, Den Haag: Martinus Nijhoff, 1985

5. Sulawesi/Celebes

Andaya, L. Y.: *The Heritage of Arung Palakka. A history of South Sulawesi (Celebes) in the seventeenth century*, Den Haag: Nijhoff, 1981
Reid, A.: «The rise of Makassar», in: *Review of Indonesian and Malaysian Affairs* 17 (1983), S. 117–160

6. Java

Die javanische Geschichte ist größtenteils in den Kapiteln zur allgemeinen Geschichte enthalten. Zusätzlich sollen die folgenden Werke erwähnt werden:

Ricklefs, M.: *Mystic synthesis in Java. A history of Islamization from the fourteenth to the early nineteenth centuries*, Norwalk: EastBridge, 2006
–: *Polarising Javanese society. Islamic and other visions, 1830–1930*, Honolulu: University of Hawaii Press, 2007
–: *Islamisation and its opponents in Java. A political, social, cultural and religious history, c. 1930 to the present*, Singapur: NUS Press, 2012

Bildnachweis

Seite 17: © akg-images/Erich Lessing
Seite 30: Aus: Bertuch, Bilderbuch für Kinder, 10. Bd., Weimar (Landes-Industrie-Comptoir) 1821, Nr. 24, © akg-images
Seite 31: Foto: Fritz Schulze
Seite 32: © akg-images/Gerard Degeorge
Seite 37: Leiden, Rijksmuseum voor Volkskunde, Inv. Nr. 1403–1680, © akg-images
Seite 57: Koninklijk Instituut voor Taal-, Land- en Volkenkunde (KITLV), Nr. 37C169, © Leiden University Library
Seite 61: © akg-images
Seite 77: Aus: Bertuch, Bilderbuch für Kinder, 6. Bd., Weimar (Landes-Industrie-Comptoir), 1809 (?), Nr. 69, © akg-images
Seite 82: KITLV, Nr. 75 330, © Leiden University Library
Seite 87: KITLV, Nr. 36C373, © Leiden University Library
Seite 99: KITLV, Nr. 87 125, © Leiden University Library
Seite 120: KITLV, Nr. 41 407, © Leiden University Library
Seite 136: KITLV, Nr. 3914, © Leiden University Library
Seite 141: © ullstein-bild/joko/
Seite 161: © IAM/akg-images
Seite 190: © picture alliance/dpa

Karten: © Peter Palm, Berlin

Register

Das Register enthält Namen von Personen, Familien, Dynastien, Völkern und Organisationen sowie geographische Bezeichnungen.